단순함이
너의 모든 것을
바꾼다

단순함이
너의 모든 것을
바꾼다

초판 1쇄 발행   2017년 6월 25일
초판 2쇄 발행   2017년 8월 20일

지은이   리오 바바우타 Leo Babauta
옮긴이   허형은
출판기획   경원북스
펴낸이   김동철

등록   2016년 10월 11일 (제2016-000080호)
펴낸곳   경원북스
주소   서울시 강서구 까치산로 18길 50 303호
전화   02-2607-2289
팩스   02-6442-0645
인쇄   (주) 두경프린텍

이메일   kd7722@naver.com

ISBN 979-11-959142-2-7 (03190)
정가 13,000원

잘못된 책은 본사나 구입하신 서점에서 교환해 드립니다.

일은 더 적게 하면서
더 큰 성과를 얻는 비결

단순함이
너의 모든 것을
바꾼다

리오 바바우타 지음 | 허형은 옮김

경원북스

들어가며

일찍이 이렇게 많은 일을 이렇게 짧은 시간 안에 해낼 수 있었던 적은 없었다. 또한 이렇게 정보와 업무, '받은 편지'와 읽을거리가 넘쳐난 적도 없었고, 이렇게 심하게 삶의 요구에 시달린 적도 없었다.

요즘은 쏟아져 들어오는 이메일과 인스턴트 메시지, 전화통화, 서류와 메모, 파일이 곧 '일'을 뜻한다. 출근해서 이메일을 열면 읽고 답해줘야 할 편지가 쌓여있다. 그럼 퇴근할 때가 되면 줄어드느냐? 아니다. 똑같이 쌓여있다. 게다가 메일의 내용은 하나같이 정보를 구하거나 아니면 이거 해 달라 저거 해 달라 하는 요구들뿐이다. 바빠 죽겠는데 미치고 환장할 노릇이다. 소방차 호스에서 물줄기가 터져 나오듯 매일같이 엄청난 양의 정보가 쏟아져 들어오는데, 우리는 수압을 줄일 방법을 몰라 버둥대고만 있다.

엄청난 스트레스에 엄청난 자원 낭비다. 생각해보라. 누가 이렇게 살고 싶겠는가?

혼돈 속에 고요함 찾기

그렇다면 과도한 정보 유입, 과도한 업무의 대안은 무엇일까? 소로(Henry David Thoreau, 1817~1862. 미국의 사상가, 문학가. 대표적인 저서로 『월든 Walden』과 『시민의 저항 One Civil Disobedience』이 있다. - 옮긴 이)처럼 우리도 숲에 들어가 오두막을 짓고 문명 세계와 차단된 채 살아가야 하는 것일까?

여기, 타협안을 제시하겠다. 정보의 바다에서 마음껏 헤엄치고 언제든 인스턴트 메시지로 대화하며 여전히 초고속으로 일을 처리하면서도, 자신이 얼마나 소비하고 얼마나 일할지 스스로 제한하는 것이 가능한 타협안이다. 더 단순한 삶, 그러나 정말로 하고 싶은 일들을 얼마든지 성취할 수 있는 그런 삶이 가능하다는 얘기다.

모든 것은 '내가 얼마나 소비하고 얼마나 일할지의 문제에 스스로 선을 그을 수 있느냐'와 '가장 중요한 일에만 신경과 에너지를 집중할 수 있느냐'에 달렸다. 상상해보라. 일주일 내내 스트레스는 거의 안 받으면서 중요한 일에 집중할 수 있는 평온한 삶을. 최대의 효과를 낼 수 있는 두세 가지의 업무를 선택해 거기에만 모든 에너지를 집중한다고 생각해보라. 그러면 한꺼번에 이 일 저 일 처리하느라 스트레스 받지 않고도 얼마든지 핵심 목표에 도달할 수 있다.

너무 이상적인 소리로 들릴 수 있지만 분명 현실적으로 가능한 일이다. 나는 실행이 아주 쉬운 시스템을 이용해 실제로 그렇게 하는 데 성공했다. 모든 것은 '어떤 선택을 하느냐'에 달렸음을 잊지 말자.

단순화

나는 단순한 것이 최고라고 믿는다. 단순화하면 할수록 인생의 질이 향상되는 것을 나는 몸소 체험했다. 잡일과 잡설을 줄이니 비로소 내가 좋아하는 것들을 즐길 수가 있었다. 정신을 산만하게 하는 것들을 싹 없애니 일에 제대로 집중할 수 있게 되었고 훨씬 나은 결과물을 낼 수 있게 되었다. 글을 쓸 때도 군더더기를 없애고 핵심 전달에 꼭 필요한 단어만을 사용하자 글의 질이 향상되는 것을 확인했다.

'단순화'라는 것은 상황에 따라 의미가 다르다. 어떤 사람에게는 기성품 대신 가공되지 않은 원료를 쓰는 것을 뜻하고, 어떤 사람에게는 조립품을 사는 대신 본인 스스로 물건을 만드는 것을 뜻하며, 또 어떤 이에게는 남의 도움을 받지 않고 혼자서 모든 것을 하는 것을 의미한다. 물론 그것도 좋지만 내가 추구하는 단순함이란 내가 하는 모든 일에서의 단순함이다. 더 많이 하는 게 아니라 더 적게 하면서 대신 현명한 선택을 내려 최대의 효과를 내는 것이다.

단순화는 다음의 두 단계로 요약된다.

1. 핵심을 파악한다.
2. 나머지는 제거한다.

이 책에서는 이 두 단계를 일과 개인 생활에 두루 적용하는 방법에 관해 이야기하려고 한다. 그러나 어떤 이야기를 하건 결국에는 이 두 가지 단계, 즉 핵심에 집중하고 나머지는 제거한다는 개념으로 귀결된다.

위의 두 가지만 실천하면 스트레스는 덜 받으면서 훨씬 만족스러운 삶을, 그리고 믿지 못하겠지만, 훨씬 더 생산적인 삶을 영위할 수 있다.

나는 '덜 하기'로 어떤 효과를 보았는가

몇 년 전까지만 해도 나는 빚더미 위에 앉아 있었고, 일이 너무 많아 가족들 얼굴 볼 시간도 없었으며, 일이 주는 스트레스로 폭발 직전인 상태에서 하루하루를 살고 있었다. 그뿐인가? 비만으로 건강도 좋지 않았고 매일 기름진 음식과 소금 팍팍 친 짠 음식만 먹었으며, 그러면서 운동은 단 10분도 하지 않고 줄담배까지 피워댔다. 회사에 가면 비참했고, 발전도 전혀 없었다. 내 인생은 한마디로 엉망진창이었고 나는 내가 좋아하는 것을 단 한 가지도 하지 못하고 있었다.

참다못해 나는 한 가지 결단을 내렸다. '모든 것을 단순화하자, 긍정적 변화를 주자'고 결심한 것이다. 시작은 담배를 끊는 것이었다. 처음에는 오직 그 한 가지에만 매달렸다. 모든 에너지를 금연이라는 한 가지 목표에만 집중시키자 놀라운 일이 일어났다. 과거에 수십 번 실패했던 금연이라는 첫 번째 장벽을 가뿐히 뛰어넘은 것이다.

그 고비를 넘자 새로운 목표를 세울 용기가 생겼다. 그리고 새 목표를 세울 때마다 똑같은 방법으로 목표를 공략했다. 모든 신경과 에너지를 한 가지 목표에만 집중하자 어떤 고비든 거뜬히 넘을 수 있었다. 반드시 한 번에 한 가지 목표만 세웠고(나는 이것을 "하나의 목표"라고 부르기로 했다) 절대로 한꺼번에 여러 가지를 하려 들지 않았다.

이 방법으로 지난 몇 년 동안 내가 성취한 것이 무려 열아홉 개에 이른다.

1. 조깅을 습관화했다.

2. 건강식을 하기 시작했다.

3. 효율적이고 생산적으로 일하게 되었다.

4. 훈련을 거쳐 마라톤 대회에 두 차례나 출전했다.

5. 투잡스 족이 되어 수입을 두 배로 늘렸다.

6. 아침형 인간이 되었다(이제 새벽 4시면 일어난다).

7. 채식주의자가 되었다.

8. 철인3종경기에 두 번이나 참가해 두 번 모두 완주했다.

9. 블로그(젠 해비츠[Zen Habits]) 운영을 시작해, 파워블로거가 되었다.

10. 빚을 깨끗이 청산했다.

11. 머리털 나고 처음으로 상당한 액수의 비상금을 모으는데 성공했다.

12. 삶을 단순화했다.

13. 집안의 잡동사니를 말끔히 처리했다.

14. 20Kg 정도의 체중을 감량했다.

15. 전자책(e-book)을 두 권 썼고 둘 다 좋은 판매량을 기록했다.

16. 소설 한 권의 초안을 끝냈다.

17. 다니던 회사를 그만두고 재택근무를 시작했다.

18. 두 번째 블로그(작가들을 위한 블로그 "라이트 투 던[Write To Done]")를 열었고 역시나 파워블로거가 되었다.

19. 이 책("단순함이 너의 모든 것을 바꾼다")을 출간했다.

나는 이 모든 것을 여섯 아이들을 키우면서 해냈다(게다가 자식농사도 꽤 성공적이었다)!

언뜻 거창하게 보일 수도 있지만 나는 이 모든 것을 한 번에 하나씩 천천히 해냈다는 것을 강조하고 싶다. 다시 한 번 말하지만, "하나의 목표"라는 개념을 적용하는 것이 중요하다. 한 번에 한 가지 목표만 세우고 거기에 모든 에너지를 집중시키는 것이다.

이 모든 것들을 어떻게 성취했는지 그 과정을 자세히 올린 내 블로그 젠 해비츠[Zen Habits]는 '세계에서 가장 유명한 블로그' 50위 안에 들었으며 현재 매달 구독자가 6만 명, 방문객은 2백만 명에 달한다. 방문객들 중에는 똑같이 하루 24시간이 주어지는데 어떻게 그리 많은 것들을 해낼 수 있느냐고 묻는 사람이 많다. 나는 이렇게 대답한다.

"제한을 두는 것, 핵심에 집중하는 것이 답이다."

생산성을 높이기 위한 여섯 가지 법칙

이 책의 1부에서는 책의 주개념인 '덜 하기'의 바탕이 되는 여섯 가지 법칙에 대해 알아볼 것이다. 이 여섯 가지법칙만 잘 알면 여러분도 삶을 단순화하면서 생산성은 최대화할 수 있다. 이 '덜 하기의 법칙'은 책의 전반에 걸쳐 반복적으로 나온다.

1. **제한 두기**(Set limitations)
2. **핵심 파악하기**(Choose the essential)
3. **단순화하기**(Simplify)
4. **집중하기**(Focus)
5. **습관들이기**(Create habits)
6. **작은 것부터 시작하기**(Start small)

2부 실전 편에서는 일과 개인적인 삶 전반에 걸친 핵심적인 부분들에 위의 법칙을 어떻게 실질적으로 적용할지에 대해 이야기할 예정이다.

이 책을 통해 무엇을 어떻게 할 수 있을까

먼저 이 책에서 배울 수 '없는' 것들을 말해주겠다. 이 책은 소설을 쓰는 법이나 마라톤을 하는 법, 담배를 끊는 법을 가르쳐주지는 않는다. 이 책은 그런 종류의 노하우를 제공하는 책이 아니다. 이 책은 삶을 단순화하고 핵심에 집중하는 법을 가르쳐주는 책이다. 어떻게 하면 더 적게 하면서 더 많이 성취할까, 어떻게 하면 중요한 것에 집중하고 그 집중력을 이용해 목표를 성취할까, 그 노하우를 가르쳐주는 책이다. 한마디로 얼마나 많이 하느냐보다는 얼마나 제한하느냐에 초점을 맞춘 책이라고 할 수 있다.

각 장에서는 어떻게 하면 덜 하는데 집중하는지, 그로 인해 어떤 효과를 얻을 수 있는지를 배울 수 있을 것이다. 예를 들어 직장에서는 일을 단순화하여 자신이 맡은 업무나 프로젝트, 커뮤니케이션이나 정보의 흐름 등을 줄여나가는 법을 배울 수 있다. 또한 잡일과 잡동사니를 줄여 스트레스를 덜 받고 더 생산적으로 일하는 법도 배울 수 있다. 단순화가 얼마나 큰 힘을 갖는지 이해하고 더불어 단순화를 통해 목표를 하나씩 차근차근 성취해나갈 수 있음을 깨달을 수 있다.

당신은 어디에서 어떤 일을 하건 전과는 다른 최적의 환경에서 최고의 일을 할 수 있는 법을 배울 수 있을 것이다.

이 책은 '덜 하기'에 관한 책, '덜 하기'를 통해 인생이 어떻게 달라질 수 있는가를 다룬 책이다.

그렇다고 추상적인 얘기만 나올 거라 생각한다면, 괜한 걱정이다. 오히려 매일의 일상에서 '덜 하기'의 개념을 어떻게 실질적으로 적용할 수 있는가를 아주 구체적으로 설명하고 있다.

단순함이

너의 모든 것을

바꾼다

1부

여섯 가지 법칙

01

적게 하는 것이 왜 좋은가?

우리는 뭐든지 남보다 많이 하는 것이 미덕으로 간주 되는 세상에 살고 있다. 모두들 돈을 더 벌고 싶어 하고, 더 큰 집과 더 좋은 차를 원하며, 옷이 있는데 또 사고, 핸드폰도 멀쩡한데 새로 출시된 모델로 바꾸고, 가구도 자꾸 사들인다. 구멍가게는 하나둘 사라지고 대형 쇼핑몰은 성업한다. 우리는 과거 어느 때보다 더 많이 소비하고 더 많이 생산하며 더 많이 일하고 있다.

그런데, 그러다 보면 한계에 부딪힌다. 일하거나 소비하는 데에는 한계가 있다. 하루는 24시간으로 정해져 있고, 누구든 일정량을 채우고 나면 더는 일하는 것이 불가능하다. 어떤 사람들은 이를 문제로 보고, 또 어떤 이들은 이를 도전으로 받아들인다. 어떻게 하면 하루에 더 많이 일할 수 있을까? 시간을 더 효율적으로 사용하여 생산성을 더 높이면서 주어진 시간에 남들보다 더 많은 것을 해낼 수 있을까?

그러나, 무조건 더 많이 하려는 태도의 문제점은 항상 최상의 결과를 내는 것이 아니라는 데 있다. 하루에 스무 가지 일을 해도 그중 '가치 있는' 일은 단 한 가지도 없을 수 있다. 이런 '되는대로' 식의 일 처리는 러시안룰렛 게임과 비슷하다. 무조건 많이 하다 보면 한 번은 큰 게 터지겠지 하는 식이다.

사실은 그 반대다. 일을 많이 한다는 것은 그만큼 쓸데없는 일을 많이 하고 있다는 것을 의미한다. 결과는 못 내면서 과중한 업무에 점점 지치고 스트레스만 받을 뿐이다.

여기, 한 신문사에서 일하는 두 기자가 있다. A기자는 주당 수십 건의 기사를 작성한다. 반면 B기자는 한 주에 딱 한 건만 작성하는 것을 원칙으로 하고 있다. 일주일에 기사 30건을 쓰는 A는 조금이라도 흥미로운 기삿거리를 건지기 위해 하루에도 엄청난 양의 소스를 훑는다. 그렇게 해서 소재 하나당 기사 하나씩 수박 겉핥기식으로 후다닥 작성하는데, 대개는 내용에 깊이가 없고 독자를 끌어당기지도 못한다. 그래도 편집장은 기사를 많이 써온다고 칭찬해준다.

B는 기왕 한 주에 기사 하나만 낼 거면 아주 괜찮은 거로 뽑아야겠다고 생각한다. 첫날은 온종일 자료를 찾고 브레인스토밍을 한 후에 독자들에게 신선한 충격을 줄 만한 기삿거리를 선택한다. 조금

과장하면 올해의 기자 상 후보로 오르기에 손색이 없을 정도로 인상적인 소재다. 그는 이틀간 자료를 수집하고, 그다음 이틀은 기사를 작성하고 사실관계를 확인하는 데 쓴다.

결과는 어떨까? B가 쓴 기사는 '이주의 최고 기사'로 뽑혔을 뿐 아니라 최고의 신문기사 상까지 받았다. 수많은 독자가 B의 기사를 읽고 긍정적인 피드백을 보내 왔으며, B는 신문사에서 승진하고, 기자로서의 명성도 얻게 되었다. 그 정도 수준의 기사만 꾸준히 써내면 머지않아 든든한 경력을 쌓을 수 있을 것이다. A는 일의 양에만 집착하고 일 자체를 단기적으로 보았다. B는 일의 양에 신경 쓰지 않으면서 장기적으로 훨씬 더 많은 일을 해냈다.

이것이 바로 '덜 하기'의 힘이다.

하이쿠(俳句)가 주는 교훈

서구에도 잘 알려진 일본의 전통 시 형식인 하이쿠를 보면 '덜 하기'가 얼마나 큰 힘을 갖는지를 쉽게 알 수 있다. 하이쿠는 주로 자연을 소재로 한 3구[句] 17음[音]의 일본 단시(短詩)를 일컫는다(첫째 줄 5음, 둘째 줄 7음, 마지막 줄 5음으로 형식이 정해져 있다). 하이쿠를 쓰는 시인은 이 제한된 형식에 맞춰 자신이 전달하고자 하는 생각이나 심상을 단 열일곱 자로 표현해야 한다. 중요한 메시지를 전달하고자 하는 시인에게는 여간 곤혹스러운 작업이 아닐 수 없다.

시인은 다음 두 가지 방법 중 하나를 택할 수 있다. 하나는 대충 열일곱 글자를 버무려 짧은 시간에 하이쿠 하나를 완성하는 것이다.

두 번째 방법은 전달하고자 하는 것을 효과적으로 표현할 핵심 단어와 심상을 신중히 골라 그 단어들을 가지고 시를 짓는 것이다. 하이쿠라는 극히 제한된 형식에서도 몇몇 위대한 작품이 탄생할 수 있었던 것은 시인들이 전적으로 후자의 방법, 즉 고심하여 핵심어를 골라내는 방법으로 시를 지은 덕분이었다. 결국, 하이쿠에서 얻을 수 있는 교훈은 생산성에 관한 다음의 두 가지 법칙이다.

첫 번째 법칙.
제한이 있으면 우리는 핵심적인 것만 선택하게 된다. 그러니 모든 일에 제한을 두는 법을 배우라.

두 번째 법칙.
핵심적인 것을 추려내면서 우리는 최소한의 자원을 가지고 최대의 효과를 내는 길을 찾는다. 항상 자신에게 주어진 시간과 에너지를 극대화할 수 있는 핵심요소를 선별하라.

이 두 가지 법칙이 이 책의 주제다. 『단순함이 너의 모든 것을 바꾼다』를 두 문장으로 축약하면 이 두 가지 법칙이 된다. 이후의 내용은 이 기본 개념을 풀어 설명하거나 우리 삶에 적용 가능한 실예를 제시한 것이라고 보면 된다.

최대 효과를 낼만한 것을 골라내기

우리는 일을 할 때 A기자처럼 무작정 많이 하는 쪽에 해당할 수 있다. 그럼 일단은 눈에 보이는 결과를 많이 낼 수 있고 상사에게 칭찬도 받을 것이다. 어떤 일을 던져줘도 척척 해내는 사람은 좋은 소리를 듣게 마련이다.

하지만, 다른 방법도 있다. B기자처럼 무작정 일을 많이 하는 것보다는 일을 적게 하면서 최대 효과를 낼 만한 일을 골라서 하는 것이다. 그런데 "최대 효과"라니, 그게 무슨 뜻일까? 최대 효과를 내는 일 또는 프로젝트란 다음 중 하나를 뜻한다.

- 장기적으로 봤을 때 훗날 나에게 명성을 가져다줄 만한 일
- 장기적 안목으로 봤을 때 돈을 많이 벌게 해줄 만한 일
- 수익 면에서 우리 회사에 큰 도움이 될 만한 일
- 내 경력에 변화를 주거나 큰 이득을 줄 만한 일
- 내 인생의 중요한 부분에 큰 변화를 가져다 줄 만한 일
- 넓은 의미로 사회나 인류에 큰 공헌이 될 만한 일

이것은 그냥 예를 든 것이다. 최대 효과를 가져다줄 만한 과제나

프로젝트가 어떤 것인지는 여러분 각자가 얼마든지 더 생각해낼 수 있다. 그렇다면 최대 효과를 낼 만한 일을 가려내는 방법은 무엇일까? 크게 두 가지 방법이 있다.

1. **나의 작업과제 리스트를 잘 살펴보라.** 리스트를 읽고 항목마다 다음 질문을 적용해 보라.

이 일의 효과는 이번 주 혹은 이번 달을 넘어서도 지속될 것인가?

이 일은 나의 직업, 내 커리어, 내 인생을 어떻게 변화시킬까?

이 일은 장기적 목표를 실현하는 데 어떤 식으로 도움을 줄 것인가? 그 목표라는 것은 얼마나 중요한 것인가?

이 대답들을 취합하면 장기적으로 최대 효과를 낼 일이 무엇인지 판단할 수 있다. 이 과정이 당장은 지겹게 보일 수 있지만 하다 보면 점점 익숙해질 테고 나중에는 몇 분 만에 결론을 내릴 수도 있게 될 것이다.

2. **목표에서 시작하라.** 먼저 내년 안으로 꼭 이루고 싶은 것들을 꼽아보자. 그리고 그 목표들에 가까워지는 데 도움이 될 일들을 우선순위에 놓는다. 예를 들어 나에게 세 가지 장기목표가 있다고 치자. 그러면 날마다 내가 그 목표에 한 발짝 더 다가갈 수 있게 해주는 일을 선택하면 된다. 그렇게 하면 확실히 최대 효과를 내는 일들을 우선적으로 처리할 수 있다. 그 일들은 바로 내가 세

운 장기목표와 직결되어 있기 때문이다.

이 두 가지 방법 중 어떤 것을 택하겠는가? 어느 쪽이건 자신에게 맞는 것을 택하면 된다. 맡은 업무를 수행하면서 자신의 목표에 다가가는 법에 대해서는 다음 장들에서 더 이야기할 생각이다. 여기서는 이것이 반드시 하나를 택해야 하는 문제가 아니라는 것만 짚고 넘어가고 싶다. 두 가지 방법을 다 사용해도 문제없으며, 사실 두 가지 다 필요한 경우가 더 많다. 아무리 목표에 맞추어 계획을 세워도 그 목표와 상관없이 꼭 처리해야 하는 일이 한두 가지는 있기 마련이다. 잘못하면 해결과제 리스트가 걷잡을 수 없이 늘어나고 (여러분이 리스트를 작성할 만큼 꼼꼼한 성격일 경우), 인생 목표와는 아무 상관도 없는 일들 때문에 목표와 부합하는 과제들이 순식간에 뒷전으로 밀려난다. 그럴 때 얼마나 가치가 있는 일인지 따져보지도 않고 무조건 모든 일을 다 하려고 하지 말고, 리스트를 다시 살펴보고 첫 번째 방법에 따라 최대의 효과를 줄 수 있는 일만 선택해야 한다.

'제한 두기'는 삶의 모든 면에 적용해야 한다

하이쿠가 주는 교훈(불가피한 선택을 위해 제한을 두어야 하고, 핵심을 가려낼 줄 알아야 하며, '덜 하기'의 힘을 활용할 줄 알아야 한다는 교훈)은 단지 '해야 할 일' 리스트에만 적용할 것이 아니라 인생의 모든 부분에 적용해야 한다. 일 말고도 지금 내가 도저히 감당할 수 없는 부분, 단순화하고 싶은 부분이 있다면 적당히 선을 그어 제한을 둬 보라.

이메일이 너무 많이 오는가? 그럼 이런 식으로 제한을 둘 수 있다. 하루 두 번만 이메일을 확인하고, 확인할 때마다 딱 다섯 통만 답장을 하는 것이다. 그럼 더 생산적으로 일 할 수 있고, 또 무시할 수 없는 중요한 편지만 골라 답장을 하게 될 것이다.

진행할 프로젝트가 너무 많은가? 한 번에 세가지로 제한해 보라. 집에 잡동사니가 너무 많은가? 집안에 두는 물건을 200개로 제한해 보라. 감이 잡히는가? 이 이야기는 뒷장에서 조금 더 자세히 다루면서, 하이쿠의 교훈이 인생을 의미 있게 사는 데 어떤 식으로 도움을 줄 수 있는지도 살펴보려고 한다. 하지만 그에 앞서 다음의 질문을 스스로에게 던져보기 바란다.

- 나는 인생의 어떤 부분들을 감당 못 하고 있는가?
- 내 인생의 어떤 부분을 단순화하고 싶은가?
- 내게 부담이 되고 있는 여러 가지 작업과제들 외에도 내가 소유한 물건이라든가 쏟아져 들어오는 정보의 양, 내가 맡은 책임의 가짓수 등에 제한을 두고 싶지는 않은가?

이것은 사전 설문에 불과하다. 앞으로 이 문제들을 더 자세히 논하면서, 핵심을 어떻게 가려낼 것인가의 문제도 함께 살펴볼 예정이다.

02

제한하기의 기술

　대부분의 사람들은 너무 많은 물건, 너무 많은 정보, 너무 많은 서류, 너무 많은 할 일, 너무 많은 잡동사니에 스트레스를 받으며 살아간다. 불행히도 우리에게 주어진 시간과 공간은 한정되어있다. 뭐든 너무 많이 하거나 너무 많이 소유하려는 것은 도서관에서 산더미 같은 책을 상자 하나에 다 담아 빌려 가려는 것만큼 멍청하고 무모한 짓이다. 그렇게 하면 책을 즐길 수도 없거니와 상자도 이내 부서져 버릴 것이다.

　문제는 제한을 두지 않는 데 있다. 예산도 정해놓지 않고 쇼핑하는 것을 떠올려보라. 한도액을 정해놓지 않으면 자신이 생각하는 것과는 다르게 원하지 않고 필요하지도 않은 물건을 충동구매하게 된다. 그러나 예산을 정해 두면(예를 들면 10만원) 꼭 필요한 것만 사게 되기 때문에 쓸데없는 물건을 충동적으로 사는 일을 피할 수 있다.

사실 우리의 인생 자체가 이런 식이다. 우리는 보통 제한을 두지 않고 살아가고 있다. 그런 삶이 주는 자유로움이 처음에는 좋을지 몰라도 나중에는 점차 감당할 수 없게 된다. 모든 것을 다 할 수는 없다. 모든 것을 다 하려 할 때의 스트레스를 감당하는 것도 힘들다. 아무리 욕심이 나도 그렇게 사는 것 자체가 불가능하다.

게다가 모든 것을 다 하려고 하면 손해가 이만저만이 아니다. 우선 기운이 빠지고 일을 효과적으로 하지 못한다. 또한, 에너지를 이곳저곳에 분산하게 되며, 그러다 지쳐 정작 중요한 일에는 에너지를 쏟지 못하게 된다. 제한을 두지 않는 삶이란 바닷물에 빨간 염색약 한 컵을 풀고 빨간색이 점점 옅어지는 것을 하염없이 바라보는 것과 같다. 반대로 제한적으로 에너지를 집중하는 것은 그 염색약을 물 한 바가지에 푸는 것과 같다.

제한 없는 삶이란 3일마다 한 경기씩, 경기당 9회를 다 뛰는 투수와 같다. 그것도 매번 공을 최대한 많이, 최대한 힘껏 던진다. 그러다 보면 얼마 안 가 힘껏 던지기는커녕 볼 한 개도 제대로 던지지 못할 만큼 지친다. 진정 강한 투수는 3일에 한 경기씩 한 회에만 등판하되 나갈 때마다 타자들을 깨끗이 삼진아웃 시킬 때 발휘된다.

제한을 두지 않고 일하는 것은 드넓은 경작지를 삽 하나만 들고 일구려 드는 것이다. 반면 제한적으로 에너지를 집중시킨다는 것은 그 삽으로 수맥이 터질 때까지 한 곳만 계속 파는 것과 같다.

제한을 두지 않는 것은 나약하다는 증거다. 제한을 두면서 신경을 집중시키는 법을 배우라. 이번 장에서는 첫 번째 법칙인 '제한 두기'에 대해 이야기하려고 한다.

제한을 두는 것이 어떻게 도움을 주는가

아무런 제한도 두지 않고 뭐든 닥치는 대로 하는 비효율적인 삶에서 적당히 제한선을 긋고 필요한 것에만 집중하는 생산적인 삶으로의 전환은 참으로 놀라운 결과를 가져다준다.

모든 일에 제한을 두는 것이 어떤 이득을 가져다주는지 몇 가지 예를 들어보겠다.

- 통제 가능한 수준으로 일을 단순화시킬 수 있으며 스트레스도 덜 받게 된다.
- 집중을 할 수 있다. 여기저기 신경을 분산시켜 기운을 빼는 대신, 몇 가지 일에만 에너지를 집중시킬 수 있다.
- 중요한 것에만 신경을 쏟게 된다. 이것저것 다하려다 정작 중요한 일을 못하게 되는 과오를 범하지 않고 정말로 중요한 일만 집중해서 하는 것이다. 대부분의 사람들에게 이는 극적인 결과를 가져다준다.
- 눈에 보이는 결과를 얻을 수 있다. 이 일 저 일 다 하느라 녹초가 되어 정

작 중요한 프로젝트나 중대한 목표는 제대로 건드려보지도 못하는 경우가 많다. 그러나 한두 가지 중요한 일에만 신경을 집중하면 실제로 그 일들을 끝마칠 수 있다. 핵심적인 것에 집중함으로써 훨씬 많은 것을 성취할 수 있다는 얘기다.

- 다른 사람들에게 '내 시간도 소중하다'는 메시지를 전달할 수 있다. 내가 주위 사람들이 하라는 대로 넙죽넙죽 다 받아서 일을 하다 보면, 그들은 자기 시간이 내 시간보다 더 소중하다고 착각하게 된다. 어떤 부탁을 해도 내가 불평 없이 들어줄 거라 믿게 되는 것이다. 그러나 단호하게 선을 긋고 거절하면 나의 시간도 똑같이 소중하며 내게도 우선적으로 처리해야 할 중요한 일이 있다는 메시지를 보내는 것이 된다. 그러다보면 결국 그들도 상대방의 시간을 존중하게 될 것이다.

- 효율성을 높일 수 있다. 잡일은 덜 하고 중요한 일은 더 함으로써, 일을 하되 제한된 시간과 에너지로 최대 효과를 낼 수 있다. 이렇게 하면 시간을 최대한 활용할 수 있을 뿐 아니라 불필요한 잡일을 제거 할 수가 있다.

어떤 일에 제한을 두어야 할까

내 삶의 어떤 부분에 제한이 필요할까? 나에게 부담을 주고 있다고 느껴지는 부분은 모두 제한을 둬야 한다. 인생에서 발전시키고 싶은 부분이 있다면 그것도 모두 포함된다.

한꺼번에 인생 전체를 개조할 필요는 없다. 오히려 그것은 실패의

지름길이다. 한 번에 여러 가지를 하는 것은 이 책이 지향하는 바와 정반대이다. 제한 두기에 성공하려면 한 번에 한 분야를 정해 시작해야 하고 또 가장 성공 가능성이 높은 분야를 선택해야 한다.

그렇다면 어떤 것부터 시작해야 할까? 그것은 각자의 삶이 다르기 때문에 남이 정해줄 수 없다. 자신에게 잘 맞는 것을 알아서 선택해야 한다. 현재 자신의 삶을 돌아보라. 어떤 일이 시간을 가장 많이 잡아먹고 있는가? 혹은 가장 심한 부담을 주고 있는가? 단순화하고 싶은 부분은 어떤 부분인가? 감이 안 잡히는 독자들을 위해 힌트를 주겠다.

- 이메일 또는 SNS
- 평범한 일과
- 전화통화 시간
- 현재 맡아서 진행해야 하는 프로젝트의 수
- 구독하는 블로그나 칼럼 등
- 인터넷 서핑하며 보내는 시간
- 책상 위에 나와 있는 물건들

물론 이것은 예에 불과하다. 이렇게 사소한 것부터 시작해서 점차 다른 부분까지 적용해나가면 된다. 반드시 한 번에 한 가지만 제한을 두고, 그 제한이 일상으로 자리 잡고 또 자신이 그 제한에 익숙해질 때까지 다른 것들은 일단 무시한다.

어떤 식으로 제한을 둬야 할까

처음에 한 가지 일에 제한을 둘 때, 그 제한은 임의적일 수밖에 없다. 자신에게 가장 잘 맞는 제한선을 알아내기까지는 시간이 걸릴 수 밖에 없다. 그렇지만 무작위 뽑기처럼 아무데나 선을 그어서는 안 된다. 자신이 지금까지 어떻게 해왔는가, 그리고 어느 정도로 하는 것이 가장 적당하다고 생각하는가를 바탕으로 선을 그을 위치를 정해야 한다.

예를 들어, 이메일 확인을 하루에 몇 번으로 제한할지 정한다고 해보자. 임의로 제한을 둔다면 '하루에 천 번'으로 정할 수도 있다. 그러나 우리는 경험을 통해 천 번은 너무 많다는 것을 이미 알고 있다. 결국 지난 몇 년간의 평상시 이메일 확인 횟수를 바탕으로 가장 적당하다고 생각하는 횟수를 정하게 될 것이다. 만약 현재 하루에 열 번에서 열다섯 번 정도 이메일을 확인한다고 치자. 그런데 어느 날 문득 그 횟수가 지나치다고 느낀다. 해야 할 일을 하는 대신 종일 이메일을 확인하고 답장을 보내고 있는 것이다. 이 경우, 적정선으로 생각되는 하루 한 번에서 하루 다섯 번 사이로 제한을 둘 수 있다. 아니면 아침에 한 번, 퇴근하기 전에 한 번, 총 두 번으로 정해도 좋다.

다음 단계는 그 횟수가 적당한지 테스트해보는 것이다. 내가 지킬 수 있는 수준인가? 혹시 다른 이들과의 커뮤니케이션에 방해가 되지는 않는가? 제한을 둔 후로 일에 더 집중할 수 있게 되었는가?

처음 한 주는 테스트 기간으로 생각하라. 잘 되지 않을 경우(모두에게 딱 맞는 제한선이란 없으니까) 횟수를 조정하라. 하루 두 번이 너무 적으면 하루 세 번으로 정하라. 반대로 덜 하고도 참을 수 있겠다 싶으면 하루 한 번으로 줄인다. 그런 다음 어느 쪽이 나에게 더 맞는지 알아낼 때까지, 그리고 그렇게 정한 제한선이 일상으로 자리 잡을 때까지 한 번 더 테스트 기간을 거친다. 그렇게 해서 그것이 습관으로 자리 잡으면 이제 다른 것으로 넘어가도 좋다. 어떤 종류의 일이든 제한 두기의 과정은 대충 다음과 같이 이루어진다.

- 현재 사용 정도를 분석하고(나는 하루에 OOO을 몇 번 하는가?) 자신이 생각하기에 적당하다고 생각되는, 현재보다 적은 횟수를 정한다.
- 약 일주일간 테스트를 해본 후 자신에게 잘 맞는지 평가한다.
- 만약 잘 안 맞는다면 레벨을 조정하고 다시 일주일간 시험해본다.
- 자신에게 딱 맞는 정도를 찾을 때까지, 그리고 그것이 습관으로 자리 잡을 때까지 계속 테스트한다.

일단 제한 두는 법을 터득하고 나면, 제한 두기로 최대 효과 내는 법을 터득할 수 있다. 바로 '핵심 가려내기'와 '단순화하기'로 최대 효과를 얻는 것이다. 제한 두기의 진정한 힘이 가시적으로 드러나는 단계가 바로 이 단계다. 제한을 두면 자연스럽게 핵심적인 일만 골라서 하게 되기 때문이다. 이는 다음 장에서 더 자세히 이야기하기로 하자.

03

핵심 가려내기와 단순화하기

이번 장에서는 두 번째 법칙 '핵심 가려내기'와 세 번째 법칙 '단순화하기'를 살펴보려 한다. 핵심 가려내기는 단순화하기의 열쇠가 되는 항목이다. 핵심이 뭔지 먼저 파악하고 단순화를 해야 한다, 그렇지 않으면 뭐가 중요한 건지도 모른 채 아무거나 잘라내는 꼴이 된다.

그렇다면 무엇이 핵심인지 어떻게 알 수 있을까? 말장난 같지만 이 질문이 바로 이 장의 핵심이다. 이것 하나만 알면 나머지는 저절로 해결된다.

일단 핵심이 되는 것만 파악하면 넘쳐나는 프로젝트나 작업과제,

쏟아져 들어오는 정보, 여기저기서 떠맡은 책임, 지저분한 잡동사니 등을 많이 줄일 수 있다. 복잡하게 생각할 것 없이 핵심이 아닌 것만 덜어내면 되니까 말이다.

이런 농담이 있다.

"코끼리 조각상을 어떻게 만들지?"

"코끼리처럼 보이지 않는 부분을 다 떼어내면 되지."

그런데 코끼리를 닮지 않은 부분을 떼어내려면 먼저 코끼리가 어떻게 생겼는지는 알아야 하지 않을까.

말이 수레 앞에 와야지, 수레 뒤에 와서는 안 된다

할 일을 거꾸로 가르쳐주는 곳이 많다. 신입사원에게 그 사람이 할 일을 차근차근 설명해주는 대신 그 일을 어떻게 하면 빨리 해치우는지만 알려주는 것이다. 급한 업무를 잽싸게 처리하는 방법, 쏟아지는 업무과제나 정보들을 대충 처리하는 법 따위만 가르쳐준다. 그런 시스템에서는 중요한 일과 중요하지 않은 일을 가려내는 법을 제대로 배울 수가 없다. 그대로 따라가다 보면 나중엔 하라고 떠맡기는 일을 군소리 없이 다 맡아 할 수밖에 없게 된다. 그럼 내가 일을 컨트롤하는 게 아니라 떠맡겨지는 업무와 정보가 나를 컨트롤하는 수준에 이르게 된다. 다른 사람들에게 휘둘려, 그들이 "급하니까 이 일 좀 부탁해." 하고 일을 넘길 때마다 울며 겨자 먹기로 들어줄 수밖에 없게 되는 것이다.

그렇게 되는 것을 피하려면 어떤 일을 하기에 앞서 먼저 자신에게 이렇게 질문해보아야 한다. 무엇이 핵심인가? 이것은 오늘, 이번 주, 올해 혹은 내 평생에 걸쳐 하고 싶은 일이 무엇인지를 묻는 질문이 될 수도 있다. 아니면 어떤 종류의 이메일에 응답할 것인가, 한정된 예산으로 무엇을 가장 사고 싶은가, 책상이나 집을 정리하려고 하는데 어떤 물건을 남겨놓을 것인가를 묻는 질문이 될 수도 있다. 어느 쪽이 됐건 요지는 같다. "무엇이 핵심인가?"

핵심을 묻는 것은 말을 수레의 뒤가 아닌 수레 앞에 매는 단계라고 보면 된다. 핵심을 파악한 다음 그 핵심적인 일을 성취하는 순서로 진행해야지, 그 반대가 되어서는 안 된다는 것이다.

핵심 가려내기: 도움이 되는 질문들

어떤 일에서건 핵심을 가려낼 때, 특히 판단에 어려움을 겪을 때는 다음의 질문들을 가이드라인으로 삼으면 큰 도움이 된다. 그러다가 핵심 가려내기의 과정에 익숙해지면 이 질문들을 떠올릴 필요도 없이 자동으로 답을 떠올릴 수 있게 될 것이다.

1. 내가 소중히 여기는 가치는 무엇인가? 쉽게 말하면, 나에게 가장 중요한 것이 무엇인가를 묻는 질문이다. 자신에게 정말 중요한 것

들, 가지고 싶은 장점, 인생에서 구심점으로 삼고 싶은 원칙들이 무엇인지 생각해보라. 일단 이러한 가치들을 파악하면 그것을 바탕으로 어떤 일을 하고 어떤 것을 선택할지 저절로 판단할 수 있을 것이다.

2. 내 목표는 무엇인가? 나는 인생에서 무엇을 이루고 싶은가? 올해 안으로 이루고 싶은 것은 무엇인가? 이번 달의 목표는? 오늘의 목표는? 자신이 무엇을 성취하고 싶은지 정확히 알면 어떤 행동이나 물건이 그 목표에 도움이 될지 안 될지 판단할 수 있다.

3. 나는 어떤 것들을 좋아하는가? 자신이 좋아하는 것, 함께 시간을 보내고 싶은 사람, 하기 좋아하는 일들을 떠올려보라.

4. 내게 가장 중요한 것은 무엇인가? 위와 같은 맥락으로 자기 인생이나 자신의 일 혹은 관심 분야에서 가장 중요하다고 생각하는 것들의 리스트를 작성해보라.

5. 어떤 것이 가장 큰 효과를 가져다줄까? 다수의 프로젝트나 업무과제 중 하나를 선택해야 할 때 어느 것이 자신의 인생이나 커리어에 가장 큰 영향을 줄지 따져보라. 어느 것이 나머지 것들에게 가장 큰 영향을 줄까? 예를 들어 지금 전화를 몇 군데 걸어야 하고,

비즈니스 미팅 약속이 한 건 잡혀 있으며, 작성해야 할 보고서가 한 건 있다고 치자. 이 중 하나를 선택해야 한다면 각각의 선택이 어떤 효과를 줄지 먼저 따져봐야 한다. 전화를 걸 상대들은 각각 우리 회사에 십만 원 정도 밖에 쓰지 않는 고객들이다. 비즈니스 미팅은 일이 성사만 되면 우리 회사에 천만 원에 달하는 돈을 수혈해줄 것이다. 보고서는 작성해봤자 아무도 거들떠보지 않을 것이다. 여기서는 비즈니스 미팅이 잠재적 영향력이 가장 크며 따라서 가장 핵심적인 선택이다.

6. 장기적인 효과가 가장 큰 것은 무엇인가? 효과가 큰 것과 장기적인 효과가 큰 것에는 차이가 있다. 예를 들어 A고객을 만나 거래를 성사시키면 다음 주에 당장 천만 원의 사업자금이 우리 회사에 들어온다고 해보자. 그러나 장기적인 마케팅 캠페인은 다음 해에 수억 원 단위의 이익을 가져다줄 가능성이 있다. 다만 여기서 말하는 장기적 효과란 단지 돈 액수의 문제가 아니다. 나에게 가치 있는 것이라면 어떤 것도 해당된다.

7. 필요한 것 vs. 원하는 것. 이것은 어떤 항목에 돈을 지출할지 말지 결정하는 데 도움이 되는 좋은 기준이다. 진짜 필요한 것이 무엇인가? 반대로 그냥 가지고 싶은 것은 어떤 것인가? 일단 필요한 것을 파악하면 단순히 갖고 싶은 것, 고로 쓸데없는 것들을 지출

항목에서 제외시킬 수 있다.

8. **비핵심적인 것들을 제거한다.** 핵심이 뭔지 파악하기 힘들 때는 거꾸로 따져 보는 것도 도움이 된다. 예를 들어 해야 할 일 목록이 있다면 먼저 별로 중요하지 않은 항목들을 제거하면서 중요한 항목을 가려내는 것이다. 세차를 하는 것이 밀린 전기요금을 납부하거나 혹은 고치지 않으면 수십만 원이 들어갈 물새는 수도꼭지를 수리하는 것보다 덜 중요하다는 것은 누구나 안다. 이런 식으로 비핵심적인 항목들을 제거하다 보면, 결국 핵심적인 항목들만 리스트에 남게 된다.

9. **추리는 과정을 반복한다.** 첫 시도에 핵심 항목을 깔끔하게 추려내는 사람은 얼마 없다. 먼저 중요하지 않은 항목들을 몇 개 제거한 뒤 남은 항목들을 실행해보자. 그런 다음 1~2주 후에 리스트를 다시 살펴보고 몇 개의 항목을 더 잘라낸다. 더 이상 추려낼 항목이 없을 때까지 이 과정을 반복한다.

이 질문들을 어떻게 적용할까

위의 질문들은 일 문제든 돈 문제든 인생에서 중요한 게 뭐고 덜 중요한 게 뭔지 가려내지 못할 때 도움이 되라고 열거해 놓은 것이다. 회사 업무나 이메일, 재정 상태, 인생 목표, 지금 떠맡고 있는 책임들, 집안이나 책상위의 잡동사니 등 대상이 무엇이든 상관없다. 불필요한 것을 덜어내고 대상을 간소화하는 과정에서 가장 중요시되고 우선시되어야 하는 단계가 바로 핵심을 가려내는 단계이다. 핵심을 가려내야 단순화했을 때 더 큰 효과를 얻을 수가 있다.

비결은 지금 하고 있는 일에서 잠시 손을 떼고(단 몇 분도 좋고 필요하다면 몇 시간이나 며칠도 좋다) 그 대상을 좀 더 넓은 관점에서 바라보는 것이다. 나는 핵심에 초점을 맞추고 있는가? 무엇이 핵심인가? 비핵심적인 것들을 제거할 수 있는가? 잠시 모든 것을 내려놓고 이 질문들을 던져보라. 그러면 자신에게 정말 필요한 것, 그리고 자신이 정말로 원하는 것을 가려낼 수 있다. 중요한 것을 더 쉽게 가려내고 거기에만 집중할 수 있는 것이다. 더불어 중요하지 않은 일이나 좋아하지도 않는 일, 목표에 근접하는데 아무런 도움이 안 되는 일에 소비되는 시간도 대폭 줄일 수 있다.

다음을 참고하여 위의 질문들을 적용시켜 보자(각 항목은 다음 장들에서 더욱 자세히 다룰 예정이다).

- **내가 맡고 있는 책임들**: 내가 인생에서 맡고 있는 책임들 중에 핵심적인 것은 무엇인가? 위의 질문들 중 특히 가치관과 인생 목표, 좋아하는 것에 관한 질문을 중심으로 적용해보고, 그에 대한 답을 바탕으로 비핵심적인 책임을 줄여 나가야 한다.

- **올해의 목표:** 해마다 정초가 되면 우리는 그 해 성취하고 싶은 일들을 끝도 없이 적어 내려간다. 그러나 작심삼일이라고, 그 목록 중 제대로 성취하는 것은 한두 개도 안 되는 경우가 다반사다. 실패의 가장 큰 원인은 목표를 너무 많이 잡는 것이다. 일 년에 목표를 한두 개만 잡고, 그 한두 가지에 신경을 집중해야 한다. 핵심 가려내기 질문을 적용하여 어떤 것이 가장 핵심적인 목표인지 가려내야 한다. 비핵심적인 목표는 나중에 언제든 다시 목록에 올릴 수 있다.
- **프로젝트 및 업무과제:** 맡고 있는 업무상의 프로젝트나 작업과제가 너무 많다면 필히 그 리스트를 단순화해야 한다. 이 경우에도 핵심 가려내기 질문이 우선순위를 결정하는 데 큰 도움이 된다. 이번 주에 집중해서 처리해야 할 프로젝트는 무엇인가? 오늘 집중적으로 처리해야 할 업무과제는 무엇인가? 비핵심적인 프로젝트와 업무들을 최대한 많이 제거하라. 이 항목은 인생 목표와 관련된 질문 그리고 프로젝트 및 작업과제의 영향력에 관한 질문과 가장 연관이 있다.
- **이메일:** 받은 편지함에 이메일 스무 통이 와 있다면 위의 핵심 가려내기 질문지를 이용해 세 통에서 다섯 통만 가려내 답장을 하라. 나머지 중요하지 않은 편지들은 내일 걱정하든가, 아니면 큰맘 먹고 그냥 삭제해버리라.
- **돈 쓰기:** '필요 vs. 욕구'에 관한 질문이 여기서 큰 도움이 될 것

이다. 그러나 인생 목표와 가치에 대한 질문 또한 참고해 봐야 한다. 인생 목표 및 가치와 부합하는 방향으로 지출을 하면 불필요한 지출을 크게 줄일 수 있거니와 통장 잔고도 불어난다.

- **잡동사니**: '필요 vs. 욕구' 질문을 참고하여 중요하지 않은 물건들을 없애고 또 그 과정을 반복하면서 잡동사니를 차차 줄여 나가라. 그러다보면 쓸데없는 물건은 집안에서 사라지고 진짜 필요한 물건과 자신이 진짜 좋아하며 실제로 사용하는 물건들만 남는다.

- **정기적 점검**: 핵심을 가려내는 것은 결코 일회성 결정이 되어서는 안 된다. 핵심 가려내기는 정기적인 행사가 되어야 한다. 왜냐하면 새로운 일이 자꾸 더해지고, 가치관이나 인생 목표가 변하고, 필요 없어지는 물건도 계속 생겨나기 때문이다. 한 항목을 골라 핵심 가려내기 작업을 실시했다면 달력에 그 날을 기록해두라. 그리고 나중에 그 항목으로 돌아가 가려내기 작업을 재차 반복하라. 특정 목표를 달성하는 것에 집착해 스트레스를 받지 말고, 핵심 가려내기 과정을 즐기는 수준으로 발전하면 더욱 바람직하다.

단순화라는 것은 우리 인생을 텅 비게 만들기 위함이 결코 아니다. 오히려 우리가 진정 원하는 것을 할 수 있도록 인생에 여백을 만들어 주기 위함이다. 따라서 단순화를 시작하기 전에 자신이 진정 원하는 것이 무엇인지 분명히 알고 있어야 한다.

세 번째 법칙:
단순화란 비핵심적인 것을 제거하는 것이다.

핵심적인 것이 뭔지 파악했으면 그 다음 단순화의 과정은 이론 상으로는 쉽다. 남은 비핵심적인 것들을 제거만 하면 된다. 그러나 실제로는 그렇게 쉽지 않다. 연습을 거듭하면서 조금씩 덜 어려워질 뿐이다.

예를 들어 작업과제 목록이 있는데 그 목록에서 가장 중요한 과 제 세 가지를 골라냈다고 치자. 목록을 단순화하기 위해 여러분은 비핵심적인 과제들, 즉 핵심 과제로 추려낸 것을 제외한 나머지 항 목을 최대한 제거하고 싶을 것이다. 그래서 별로 중요하지 않은 항 목들을 제거해나가고, 꼭 내가 하지 않아도 되는 일들은 다른 사람 에게 떠넘기고, 오늘 마치지 않아도 되는 업무들을 뒤로 미루기까지 한다.

가장 힘든 것은 내가 보기엔 핵심적이지 않은 업무를 남이 해달 라고 부탁하는 경우다. 그럴 때는 거절할 줄도 알아야 한다. 이 얘기 는 13장 "책임 목록 단순화하기"에서 더 하기로 하자. 여기서 중요한 것은 거절하는 것이 나의 핵심 리스트에 더 집중하기 위해 꼭 필요하다는 점을 이해하는 것이다. "그럴 시간이 없어요."라고 말해야 할 상황이라면 피하지 말고 분명하게 말을 하라. 거절하는 것도 하다보면 기술이 붙는다. 특히 핵심에 집중하는 것이 장기적으로 자신에게 더 큰 도움이 된다는 것을 확신할수록 거절도 더 쉬워진다. 더불어 본인이 솔직하게 감당할 수 있는 만큼의 책임만 맡으려고 하면 나중에는 남들도 더 이상 무리한 요구를 하지 않게 될 것이다. 내 시간은 내가 먼저 소중히 여겨야지 남들도 그것이 소중한 줄 안다.

04

하나에 집중하기

"과거에 대해서는 내가 할 수 있는 일이 없다.
미래의 일도 마찬가지다. 나는 현재를 살 뿐이다."
- 랄프 월도 에머슨(미국의 사상가·시인. 1803 ~ 1882. – 옮긴이)

'덜 하기'의 네 번째 법칙은, 하나에 집중하는 것이 가장 효과적
이라는 것이다. 더 효율적으로 일하기 위해 덜 하는 데 집중하라. 한
가지 목표에만 집중하여 그것을 달성하라(이 점에 대해서는 나중에 더 이야
기하기로 하자). 멀티태스킹을 하는 대신 한 가지 일에만 신경을 집중하
면 훨씬 더 생산적으로 일할 수 있다. 또한 현재에만 집중하면 불안
과 스트레스를 줄일 수 있다.

네 번째 법칙:
'하나에 집중하기'는 효율성을 높이는 데 가장 효과적인 도구다.

'집중하기'로 어떻게 삶의 질을 향상시킬까.
먼저, 집중의 힘을 활용할 다양한 방법을 살펴보자.

- **한 가지 목표에 집중하라.** 목표 성취나 새로운 습관들이기의 성공에 가장 결정적으로 작용하는 것은 자제력도 아니고 보상도 아니며 강철 같은 의지도, 심지어 동기부여도 아니다(중요한 요소 중 하나가 되긴 하지만). 성패를 가르는 가장 결정적인 요인은 바로 '집중'이다. 한 가지 목표나 한 가지 습관을 들이는 데 온 신경을 집중할 수 없으면 그 목표를 성취하는 것은 이미 물 건너간 셈이다. 물론 너무 쉬운 목표라 저절로 이루어지는 경우는 예외다. 결국 '집중할 수 있느냐 없느냐'의 단순한 문제라는 얘기다.

- **현재에 집중하라.** 현재에 집중하는 것은 생각보다 큰 도움이 된다. 스트레스를 줄여줄 뿐 아니라 인생을 최대한 즐길 수 있게 해주며 일의 효율성 또한 높여준다. 과거나 미래가 아닌 현재에만 집중하는 것은 말만큼 쉬운 일이 아니다. 엄청난 노력이 필요한 일이다. 이 문제는 '현재에 집중하기' 단락에서 더 자세히 다룰 것이다.

- **지금 하는 일에 집중하라.** 옆에서 무슨 일이 벌어지고 있는지 모를 정도로 한 가지 일에 빠져든 적이 있는가? 시간이 얼마나 지났는지 모를 정도로 그 일에 푹 빠져드는 상태를 말하는데, 이것이 바로 이미 잘 알려진 "몰입(flow)[88쪽 참고]"이라는 개념이다. 몰입은 행복감을 느끼는 데 중요한 요소로 작용한다. 몰입 상태에 빠져들게 해줄 일이나 취미를 가지고 있으면 보다 쉽게 행복감을 느낄 수 있다. 우리는 어떤 일을 수동적으로 하는 대신 그 일에 온 마음을 다해 적극적으로 뛰어들 때 깊은 만족이나 기쁨을 느낀다. 그렇게 되기 위한 첫 번째 단계는 우선 자신이 열정을 느낄 수 있는 일을 찾는 것이다. 두 번째 단계는 방해요소들을 제거하고 그 일에 완전히 정신을 집중시키는 것이다.

- **긍정적인 것에 집중하라.** 내가 배운 요령 중 하나는 자신이 부정적 생각을 하고 있지는 않은지 항상 돌아보고 또 부정적인 생각을 하고 있다면 그것을 깨닫는 즉시 그 생각을 긍정적인 생각들로 대체하는 것이다. 나는 담배를 끊고 조깅 습관을 들이는 과정에서 이 요령으로 효과를 보았다. 누구나 포기하고 싶은 순간이 있다. 그럴 때마다 그 부정적인 생각을 포착하고 얼른 멈춰야 한다. 안 그러면 부정적인 생각이 쑥쑥 자랄 뿐만 아니라 또 다른 부정적 생각을 낳아 결국에는 시작했던 일을 포기하기에 이른다. 대신 긍정적인 생각에 초점을 맞추어

보자. 지금 얼마나 기분이 좋은지 일부러 소리 내어 말해보라. 다른 사람들도 똑같은 어려움을 극복했다는 것을, 나도 극복할 수 있다는 사실을 상기하라. 지금 하려는 일을 마침내 이루었을 때, 그 순간의 기분이 얼마나 짜릿할지 상상해보라. 더불어 어떤 상황에서도 긍정적인 면을 찾는 법을 배워 두자. 내 경험에 의하면 그렇게 하면 인생의 힘든 부분이나 부정적인 부분 대신 좋은 것에 신경을 쓰게 되므로 훨씬 더 쉽게 행복을 찾을 수 있다. 나에게 이미 주어진 것에 감사하는 마음을 갖자.

한 가지 일에 집중하기(싱글태스킹)

요즘 세상은 한 번에 여러 가지 일을 해야 하는 '멀티태스킹(multitasking)'의 세상이다. 이미 프로젝트를 두 개나 진행시키고 있는데 상사가 새로운 일 두 가지를 더 떠맡긴다. 고객과 전화통화를 하고 있는데 이메일이 세 통 들어온다. 집에 가는 길에 저녁거리 장을 봐야 해서 오늘은 꼭 정시에 퇴근하려고 기를 쓰는데 갑자기 스마트폰이 삑삑 울려대기 시작한다. 동료가 내 자리로 오더니 자료를 요청해놓고 간다. 구글 리더(Google Reader)에는 아직 읽지 않은 글이 수백 건 들어차 있다.

우리는 광속 인터넷 시대에 맞춰 여러 가지 일을 한꺼번에 빠른 속도로 처리하는 법을 이미 알고 있다.

초고속 테크놀로지의 시대인 지금, 우리는 정보에 짓눌려 숨을 헐떡이고 시간이 모자라서 또 헐떡거린다. 하지만 인간은 애초에 이 모든 것을 감당하도록 설계되지 않았다. 이대로 가다가는 지나친 업무량을 못 이겨 우리의 정신과 신체 시스템은 무너져버릴 것이다.

그 대안으로 나는 '싱글태스킹(single-tasking)'을 제안한다. 한 번에 한 가지 일에만 신경을 쏟고 최대한 일을 단순화해 능률을 향상시키고 마음과 몸의 건강도 유지하는 것이다. 멀티태스킹을 하지 말아야 할 이유로는 다음과 같은 것들을 들 수 있다.

- 멀티태스킹은 A라는 일에 집중했다가 1초 만에 B로 신경을 돌려야 하기 때문에 일의 효율이 떨어진다.
- 멀티태스킹은 복잡하다. 고로 실수도 더 많이 저지르게 되고 스트레스도 더 받는다.
- 멀티태스킹은 혼란을 초래한다. 그런데 이미 혼란으로 가득 찬 이 세상에서 살아가려면, 불안감을 통제하고 각자 휴식과 안정을 느낄 수 있는 한 뼘의 오아시스를 찾을 필요가 있다.

멀티태스킹 대신 다음을 참조하여 싱글태스킹을 시도해보라.

- 아침에 일어나면 제일 먼저 '가장 중요한 과제(Most Important Task MIT라

부르기로 하자)'를 하라. 그 일이 끝날 때까지 다른 일에는 눈길도 주어서는 안 된다. 그런 다음 잠시 휴식을 취하고 다시 남은 일들 중에서 MIT를 한다. 아침에 MIT를 두세 가지 해치워놓으면 나머지는 저절로 해결될 것이다.

- 마감이 정해져있는 일을 할 때는 다른 방해거리들을 싹 없애버리라. 이메일을 닫고 가능하면 인터넷도 꺼버리는 것이 좋다. 핸드폰도 꺼둔다. 전화도 가능하면 무시한다. 한 가지 일에만 집중하여, 다른 잡다한 일에 신경 쓰지 않고 오로지 그 일만 제대로 끝내도록 한다.

- 이메일을 확인하거나 다른 일에 손을 대고 싶은 충동을 느끼면 자제력을 발휘하여 충동을 억누른다. 천천히 심호흡을 하면서 정신을 가다듬는다. 그리고 하던 일로 돌아간다.

- 한창 일하고 있는데 다른 일거리가 들어오면 미결서류함(in-box)에 그대로 넣어 놓거나 메모지에 적어 두거나 컴퓨터에 텍스트 파일로 메모해 둔다. 그리고 다시 하던 일로 돌아간다.

- 중간 중간에 한 가지 일을 끝낼 때마다 메모와 미결서류함을 체크하여 앞으로 할 일을 정리하고 필요하면 스케줄을 다시 짠다. 이메일과 앞으로 처리해야 할 업무는 규칙적으로, 정해진 스케줄에 체크한다.

- 다른 급한 일이 생겨서 도저히 시작한 일을 끝낼 수 없는 경우도 있다. 그럴 경우 어디까지 처리했는지 메모를 하고(시간이 된다면 자세히 적어두는 편이 좋다) 그 일과 관련된 서류나 메모를 하나로 모아 옆으로 치워둔다('진행 중' 폴더에 넣어두는 것도 좋다). 급한 일을 처리하고 다시 그 일로 돌아왔을 때 폴

더를 꺼내 메모를 훑어보면 한눈에 파악이 가능하다.

- 때때로 심호흡과 스트레칭을 하면서 쉬는 시간을 갖는다. 인생을 즐겨라. 밖으로 나가 자연과 어울려라. 정신이 피폐해지는 것을 막는 것도 일에 집중하는 것 못지않게 중요하다.

현재에 집중하기

싱글태스킹과 같은 맥락에서 우리는 마음의 평정을 유지하고 생산성과 효율성을 높이며 정신이 피폐해지는 것을 막기 위해 과거나 미래를 잊고 현재에만 집중하는 법을 배울 필요가 있다.

현재에 집중하기 기술을 익히는 유일한 방법은 연습이다. 처음엔 어려울 수 있다. 온갖 잡생각이 다 떠오르고, 그게 아니더라도 주로 '메타 씽킹(meta-thinking)'을 하게 될 것이다. 메타 씽킹은 우연히 떠오른 생각을 두고 '내가 왜 이런 생각을 하고 있나', '이런 생각을 하는 것이 맞나', '맞는 방법이란 게 있기는 한가' 하는 식으로 의식이 현재에서 완전히 떠날 때까지 생각하는 것이다. 그러는 것이 정상이다. 안 그러는 사람은 없다.

그러니 잘 안 된다고 자책할 건 없다. 실망할 것도 없다. 연습하면 되니까. 아침에 일어나면 연습을 하라. 점심을 먹으면서도 연습하라. 저녁에 조깅을 하거나 걷기운동을 하면서도 연습하라. 저녁 먹고 설거지 하면서도 연습하라. 연습할 수 있는 모든 기회를 활용하라. 그러면 점차 나아질 것이다. 이것은 내가 장담할 수 있다.

'현재에 집중하기' 훈련에 도움이 될 만한 비결이 몇 가지 있다.

1. 식사를 할 때는 식사만 하라. 현재에 신경을 집중하는 가장 좋은 방법이 있다. 한 번에 하나만 하는 것이다. 밥을 먹을 때는 책을 읽거나 딴 생각을 하거나 다림질을 같이 하지 말고(특히 즙이 뚝뚝 떨어지는 음식을 먹고 있을 때는) 그냥 먹기만 하라. 지금 먹는 것에 집중하라. 음식을 오감으로 느끼는 것이다. 어떤 맛인지, 식감은 어떤지 느껴보라. 천천히 음미해보라. 꼭 먹을 때뿐만이 아니라 설거지하거나 샤워하거나 운전하거나 일하거나 놀 때도 마찬가지다. 한 번에 여러 가지를 하지 말고 지금 하고 있는 한 가지만 하라.

2. 의식하라. 하나에 집중하는 것만큼이나 중요한 것이 자신이 어떤 생각을 하고 있는지 의식하는 것이다. 누구든 과거와 미래에 대한 생각이 떠오르는 것은 피할 수 없다. 굳이 생각 안 하려고 애쓰지 않아도 된다. 자신이 어떤 생각을 하고 있는지 의식하고 있으면 된다. 의식해야 변화도 가능하다.

3. 억지로 하는 것은 금물이다. 과거나 미래에 대한 생각이 떠올라도 잡생각을 한다고 너무 자책해선 안 된다! 억지로 그 생각을 머리에서 몰아내려고 할 필요는 없다. 그냥 그런 생각이 떠올랐다는

것을 의식하고 서서히 머리에서 빠져나가도록 하라. 그런 다음 다시 현재로 돌아오면 된다.

4. 운동을 하라. 나에게는 운동이 곧 명상이다. 나는 달리기를 하면서 오직 달리는 것에만 집중하려고 노력한다. 내딛는 발, 호흡, 내 몸, 달리는 그 순간에만 신경을 집중하는 것이다. 연습용으로 이만큼 좋은 것도 없다.

5. 일상이 전부 연습이다. 어떤 일이건 명상이 될 수 있다. 설거지 같은 사소한 것도 명상 훈련이 된다. 예를 들어 걷기를 할 때는 걷기에만 집중해보라. 여러분이 하는 모든 것을 '현재에 집중하기'에 대한 연습하는 기회로 삼으라.

6. '알림이' 메모를 붙여놓으라. 냉장고나 데스크탑 컴퓨터, 혹은 자기 방 벽에 알림용 메모를 붙여놓는 것도 좋은 방법이다. 아니면 매일 알림용 이메일을 보내주는 서비스를 이용하는 것도 한 방법이다. 현재에 집중하는 연습을 도와주는 것이라면 어떤 것이든 좋다.

7. 실패라는 것은 없으니 겁먹을 필요 없다. 처음에는 뜻대로 잘 안 될 것이다. 그래도 괜찮다. 여기서는 실패라는 것이 없으니까. 중요

한 것은 연습을 계속하는 것이다. 연습을 계속하다 보면 어느 순간 현재에만 집중하는 것이 어렵지 않게 느껴질 것이다. 잠시 딴 생각이 들어 생각이 흐트러진다 해도 그것이 실패를 의미하지는 않는다. 아주 잠시라도 현재에 집중할 수 있으면 성공이다. 그러니 단 1분이라도 성공하면 자신을 칭찬해주라.

8. **계속 연습하라.** 잘 안 돼서 답답하고 짜증이 날 때는 잠시 쉬면서 심호흡을 하라. "이제 어떻게 하지?" 하고 고민할 수도 있다. 그러나 대답은 언제나 같다. "계속 연습하라."

05

새로운 습관 붙이기와 목표 낮게 잡기

다섯 번째 법칙 '새로운 습관을 붙여라'는 변화를 지속시켜 우리의 삶을 실질적으로 향상시킬 수 있도록 만드는 비결이다. 이 책은 각 장마다 새로운 습관들이기를 하나씩 소개하고 있다. 그것들을 한꺼번에 다 소화하려고 했다가는 아무것도 못 하고 주저앉게 될 것이다. 그리고 몇 주 지나지 않아 변화를 시도하려던 노력은 물거품으로 끝나고 말 것이다.

다섯 번째 법칙:
오래 지속할 수 있는 새로운 습관을 들이라.

새로운 습관을 붙이고 그 습관을 오래 지속하는 유일한 방법은 '덜 하기' 원칙을 적용하는 것이다. 한 번에 한 가지 습관을 들이는 데에만 집중하고, 또 한 번에 한 달 정도로 기간을 잡는 것이다. 이는 그 한 가지 습관을 몸에 익히는 데 온 에너지를 집중시킬 수 있도록 하기 위해서다.

새로운 습관을 들일 때 사용할 아주 효과가 강력한 도구가 있는데, 30일 단위로 실행하는 '목표 낮게 잡기' 방법이다. 내가 운영하는 젠 해비츠 블로그를 방문하는 수천 명의 독자들이 그 효과를 체험으로 입증한 바 있다.

'목표 낮게 잡기'가 효과를 발휘하는 단계는 다음과 같다.

1. 새로 익히고 싶은 한 가지 습관을 정한다. 단, 한 달에 한 가지로 한정한다. 어떤 습관이라도 좋지만, 현재 자신의 삶에 가장 큰 변화를 줄 수 있는 습관이면 더 좋다.

2. 계획을 자세히 적는다. 매일 그 날의 목표를 무엇으로 잡을지, 언제 그것을 할지, '촉발 장치(trigger)'는 무엇으로 정할지(이미 일상적으로 하고 있는 행동 중에서, 새 습관 바로 앞에 선행될 행동 — 예를 들어 이를 닦은

다음 곧바로 운동을 하기로 정했다면 이를 닦는 행위가 '촉발 장치'가 된다), 그리고 누구에게 상황보고를 할지(3, 4번 참고) 등을 구체적으로 기록한다.

3. 목표를 여러 사람에게 알린다. 이러이러한 습관을 들이기로 했다고 될 수 있는 한 많은 사람에게 알린다. 내가 주로 쓰는 방법은 온라인 포럼에 포스팅하는 것이지만, 그것 말고 동료나 가족, 친구들에게 이메일을 보내도 좋고 아니면 규모가 큰 집단에 말을 퍼뜨리는 것도 좋은 방법이다.

4. 매일 진행상황을 보고한다. 매일 그 날의 목표를 달성했는지 못했는지, 정해진 사람(또는 집단)에게 보고한다.

5. 새로운 습관 들이기에 성공한 것을 자축한다! 30일 후 목표 달성을 알리고 자축한다. 물론 새로운 습관이 완전히 몸에 밸 때까지는 시간이 조금 더 걸릴 것이다. 그러나 한 달 동안 꾸준히 지켜왔다면 그 습관은 이미 몸에 충분히 익은 것이다.

이 방법이 왜 효과가 있을까

이 30일 단위 전략은 새로운 습관을 들이는 가장 좋은 방법 중 하나로, 이 방법이 효과가 있는 이유는 여러 가지가 있다.

- **약속.** 그렇게 하기로 약속하고, 구체적인 목표를 정하고, 또 그것을 주위 사람들에게 알리는 행위 자체가 습관 들이기의 성공에 큰 몫을 한다.

- **의무감.** 일일보고의 의무는 그 날의 과제를 이행하고 보고하게 만드는 데 강력한 동기가 된다. 그날의 과제를 다 했다고 보고할 때 드는 긍정적인 기분이 그 자체로 보상이 되기 때문이다.

- **격려.** 어려운 점을 토로하는 것도 큰 도움이 된다. 내 경우를 예로 들면, 며칠 동안 약속을 이행하는 게 너무 지겨워서 지원 그룹에게 동기부여를 해달라고 부탁한 적이 있다. 그룹 멤버들은 모두 적극적으로 격려의 말을 해주었고, 나는 금세 회복해 다시 계획대로 진행할 수 있었다.

- **자극.** 다른 사람들이 잘하고 있는 것을 보면 자극이 된다. '저 사람이 할 수 있으면 나도 할 수 있어!' 이런 생각이 저절로 드는 것이다. 어떤 습관을 목표로 정하든 큰 자극이 되는 사람이 주위에 몇 명씩은 꼭 있다.

새로운 습관을 익히는 데 성공하기 위해 반드시 젠 해비츠 블로그의 '이 달의 목표' 포럼에 가입할 필요는 없다. 대신 온라인이든 오프라인이든, 그 습관을 완전히 익힐 때까지 자신을 도와줄 지원 그룹을 만들 것을 제안한다. 찾아보면 이런 일에 도움을 줄 온라인 포럼이나 커뮤니티는 얼마든지 있다. 지원 그룹은 습관을 바꾸려는 노력에 견인차 역할을 해준다.

규칙

새로운 습관 들이기에 성공하기 위해 지켜야 할 규칙은 몇 개 안된다. 이 규칙을 잘 따랐는데도 30일 후 새 습관을 익히는 데 실패한 경우는 드물 것이다.

- **한 번에 하나의 습관만 익히라.** 이 규칙만은 절대 어기면 안 된다. 이를 무시하고 한 번에 여러 가지 변화를 시도한다면 그 중 한 가지도 성공하지 못할 것이다. 내가 산 증인이다 — 내 경험으로는 한 번에 여러 가지 습관을 들이려고 했을 때 100퍼센트 실패한 반면 한 번에 한 가지 습관만 시도했을 때는 50에서 80퍼센트의 성공률을 보였다(나머지 규칙을 얼마나 잘 따르느냐로 성공률이 결정된다).

- **쉬운 목표를 잡으라.** 최소한 지금 당장은 너무 어려운 것을 시도하지 않는 것이 좋다. 나중에 습관 바꾸기에 어느 정도 능숙해졌을 때 어려운 것을 시도해도 늦지 않다. 지금은 매일 쉽게 할 수 있는 것을 택하라. 아니, 지금 자신이 매일 수월하게 할 수 있다고 생각하는 것보다도 더 쉬운 것을 택하라. 운동을 하루 30분 할 수 있겠다 싶으면 하루 10분 운동하는 것을 목표로 정하라. 목표를 아주 쉽게 정하는 것도 성공하는 비결중의 하나이다.

- **측정 가능한 목표를 선택하라.** 매일매일 그날의 성공여부를 분명

하게 말할 수 있어야 한다. 운동을 시작하는 것이 목표라면 시간을 정해놓으라(예를 들면 '하루 20분 운동하기' 식으로). 목표가 무엇이든 측정이 가능한 것이어야 한다.

- **일관성이 있어야 한다.** 가능하면 매일 같은 시간에 하는 것이 좋다. 예를 들어 운동을 하기로 마음먹었다면 매일 아침 7시(아니면 저녁 6시)로 정해놓고 하라. 이렇게 하면 습관으로 정착할 확률이 더 높아진다.
- **매일 보고하라.** 2, 3일에 한 번씩 경과를 보고할 수도 있겠지만 매일 보고하는 것이 성공률을 높여준다. 이것은 젠 해비츠 블로그의 '이 달의 목표' 포럼에서 수많은 사람의 체험으로 증명되었다.
- **긍정적 태도를 잃지 않는다!** 중간에 몇 번 후퇴를 할 수도 있다. 그럴 때는 그냥 그렇구나 하고 넘어가라. 부끄러움이나 좌절 따위 느낄 필요 없다.

초보자가 시도해 볼만한 12가지 습관 변화

직장에서든 일상에서든 자신에게 도움이 될 법한 습관이라면 어떤 것이든 마음대로 정해도 된다. 그러나 내가 초보자에게 도움이 될 열두 가지 습관을 추천해야 한다면 (일 년을 잡고 한 달에 하나씩) 다음의 열두 가지를 추천하겠다. 보통 사람에게 가장 큰 변화를 줄 수 있는 습관이라고 생각한다(각각의 습관에 대해서는 나중에 자세히 다룰 예정이다).

- 매일 아침 세 가지 '가장 중요한 과제'를 정한다.
- 한 번에 하나씩만 한다(싱글태스킹). 한 가지 일을 시작했으면 중간에 그것을 버려두고 다른 일을 시작하지 않는다.
- 미결서류함이 완전히 빌 때까지 집중해서 처리한다.
- 이메일을 하루 두 번만 확인한다.
- 하루에 5분 내지 10분씩 운동한다.
- 방해가 될 전화나 인터넷 선을 뽑아놓고 일한다.
- 아침 일과를 정해놓고 따른다.
- 매일매일 과일과 야채를 충분히 섭취한다.
- 책상 위를 깔끔하게 유지한다.
- '간추린 리스트'에 올라 있지 않은 요구나 책임은 거절한다(13장 '책임 목록 단순화하기' 참조).
- 하루 15분씩 할애하여 집안의 어수선한 잡동사니를 없앤다.
- 이메일은 다섯 문장으로 제한해서 쓴다.

06

작은 것부터 시작하라

지금까지 나온 다섯 가지 법칙만 따라도 문제없겠지만 여섯 번째 법칙 '작은 것부터 시작하라'는 목표에 확실히 도달하도록 도와주는 안전장치 같은 것이라고 보면 된다.

여섯 번째 법칙:
작은 것부터 시작해 점점 단계를 높이는 것이 성공의 지름길이다.

우리는 새로운 생산 시스템을 도입하건 새로운 운동을 시작하건,

삶에 변화를 주겠다는 의욕에 들떠 처음부터 거창하게 밀고 나가는 오류를 종종 저지른다.

문제는 일단 1, 2주가 지나 열기가 가라앉으면 십중팔구 목표 달성에 실패하게 돼있다는 것이다. 새해 결심이 작심삼일로 끝나는 이유도 바로 이것이다. 다들 의욕에 불타 이것저것 시작하고 달려들지만, 그런 노력도 1월로 끝나는 경우가 태반이다.

해답은 '작은 것부터 시작하는 것'이다. 무엇을 하든, 어떤 목표를 세우든, 어떤 습관을 들이려 하든, 인생에서 어떤 변화를 추구하든 상관없다. 무조건 이 법칙을 따라 보라.

이는 내가 인생에서 변화를 시도하면서 몇 번이고 성공해 효과를 증명한 법칙이다. 나는 새로운 운동을 시작할 때 더 할 수 있다는 걸 알면서도 가장 쉬운 단계부터 시작한다. 또한 새로운 습관을 들일 때도 아주 작은 습관부터 시작한다. 기상 시간을 앞당기고자 했을 때도 처음에는 딱 15분만 앞당기는 것으로 시작했다.

작은 것부터 시작하는 것이 어째서 효과가 있을까

여섯 번째 법칙 '작은 것부터 시작하라'가 왜 중요한지 몰라서 그냥 무시하고 마음대로 밀고 나가는 사람이 많다. 그런 사람들을 위해 작게 시작하기가 어째서 효과가 있는지 그 이유를 설명해주겠다.

- **한 가지에 집중하게 해준다.** 앞서 네 번째 법칙을 소개하면서도 이야기했지만 무슨 일을 하건 집중이 가장 중요하다. 사업을 시작하건 인생의 변화를 시도하건 한 번에 여러 가지를 하려고 달려들면 신경이 분산되어 효과가 떨어진다. 그러나 작은 것 쉬운 것부터 시작하면 신경을 집중시킬 수 있으므로 그만큼 효과도 커지는 것이다.

- **에너지와 열의가 더 오래 간다.** 실제로 자신이 할 수 있는 것보다 작게 시작하면 에너지와 열의를 오랫동안 유지할 수 있다. 댐에 물을 가두듯 기운과 의욕을 모아둬 나중에 더 큰 힘을 발휘할 수도 있다. 일찌감치 의욕이 떨어져 지쳐버리는 일 없이 오랫동안 계획대로 밀고 나갈 수 있는 것이다.

- **실행하기 쉽다.** 쉬울수록 좋고, 초반에는 특히 더 그렇다. 처음부터 유지하기 어려운 변화를 선택해 밀고 나가면 실패할 확률도 올라간다.

- **성공을 보장한다.** 너무 쉬워서 실패하기도 어려운 것을 골라 시도해보라. 물론 작은 성공은 큰 성공보다 성취감이 덜할 수 있다. 그러나 근시안적으로 봤을 때나 '작은 성공'이지 크게 봤을 때는 결코 미미하지 않다. 작은 성공으로 시작해 다른 작은 성공으로 이어가고 또 그 기세를 이어 또 다른 작은 성공을 이루는 식으로 계속해보라. 작은 성공이 모여 큰 성공이 되는 날이 올 것이다. 그러는 편이 처음부터 크게 실패하는 것보

다 훨씬 낫다는 것은 두말할 필요도 없다.

- 점진적인 변화가 더 오래 간다. 다이어트를 해본 사람은 알 것이다. 여기, 극한 다이어트를 시도해 두 달 만에 20Kg을 감량한 사람이 있다. 처음에는 아주 날아갈 듯 기분이 좋다. 그러나 얼마 안 가 20Kg이 고스란히 도로 붙는다. 운 나쁘면 요요현상으로 30킬로그램이 느는 수도 있다. 그런데 처음에 작게 시작하면(일주일에 0.5에서 1Kg 정도) 그렇게 빠진 체중은 웬만해선 다시 돌아오지 않는다. 이는 다이어트에 관한 수많은 연구에서 이미 증명된 바 있다. 이는 비단 다이어트에만 적용되는 법칙이 아니다. 어떤 변화를 시도하건 간에 기간을 길게 잡고 아주 조금씩 점진적인 변화를 시도해보라. 그러면 한 번에 큰 변화를 시도할 때에 비해 그 변화를 유지할 확률이 훨씬 높아진다.

'작은 것부터 시작하기' 법칙을 어떻게 활용하면 좋을까

그렇다면 '작은 것부터 시작하기'는 언제, 어떻게 적용하면 좋을까? 언제든 그리고 어떤 것에든 다 좋다. 어떤 습관을 바꾸려 하든, 어떤 운동을 시작하려 하든, 삶에 어떤 변화를 주려 하든, 어떤 목표 혹은 어떤 프로젝트를 공략하려 하든 상관없다. 무조건 작은 것부터 시작하라.

여기 몇 가지 예를 들어 보겠다.

- 운동: 하루 30분 대신 5분이나 10분으로 정하고 시작한다.
- 일찍 일어나기: 1, 2시간이 아니라 15분씩 앞당긴다.
- 생산성 높이기: 한 번에 5분에서 10분씩, 하는 일에 최대한 집중한다.
- 이메일 통제: 확인 횟수를 하루에 1~2회씩 줄여간다.
- 건강하게 먹는 습관: 식단 전체를 바꾸려 들지 말고 현재 식단에서 한 가지만 바꾼다.
- 중요 프로젝트를 맡았을 때: 한꺼번에 여러 가지를 진행시키려 들지 말고 프로젝트를 이루는 업무과제 중 가장 쉬운 것 한가지부터 처리하기 시작한다. 그것을 끝내 놓고 다음 과제로 넘어간다.
- 잡동사니 없애기: 사무실 전체 혹은 집안 전체를 정리하려고 하지 말고 우선은 서랍 한 개만 정리한다.

단순함이
너의 모든 것을
바꾼다

2부
실전

07

목표 리스트와 프로젝트 리스트를 단순하게

나도 누구 못지않게 욕심이 많은 사람이다. 커리어에서뿐만 아니라 외국어를 배운다든가 마라톤 경기에 나가 완주를 하는 등 취미 생활에서도 달성하고 싶은 목표가 항상 여러 개씩 있다. 그런데 목표를 세우고 시작하는 단계에서는 언제나 열성적인데 어느 순간 보면 진전 속도보다 목표 리스트의 항목이 느는 속도가 훨씬 빠르다는 것을 깨닫곤 한다.

목표를 세우는 것은 쉽다. 그러나 목표가 달성 가치가 있는 것일수록 실제로 그것을 달성하기는 무척이나 어렵다.

목표를 달성하는 데에는 에너지와 집중력, 강력한 동기가 필요하다. 아무리 의욕 넘치는 사람이라도 이 세 가지를 다 갖추고 있기는 어렵다. 한 번에 여러 개의 목표를 세워 놓고 달려들면 얼마 못 가 에너지와 집중력, 동기가 바닥나기 마련이다. 처음 몇 주가 지나면 의욕이 떨어지는 것은 그런 이유에서다. 처음에 신이 나서 세운 목표는 서서히 잊어버리고 우리는 자신의 게으름을 탓하며 마음 한구석의 불편함을 외면하고 이전의 일상으로 돌아간다.

목표를 실제로 달성하는 데 '덜 하기'만큼 효과적인 전략도 없다. 목표의 수를 줄여 더 많은 것을 성취하는 전략이다.

더불어 현재 추진 중인 프로젝트가 여러 개일 경우 그 중 가장 중요한 것에 집중해 일을 더 효과적으로 끝내고 목표 달성에 더 많은 에너지를 집중시키는 법도 알아보기로 하자. 프로젝트 수에도 제한을 두어 효율성을 높이는 법도 살펴볼 것이다.

'한 가지 목표' 시스템

'한 가지 목표' 시스템은 간단하다. 하나의 목표에만 집중해 효율성을 높이는 것이다. 그 목표를 몇 가지 구체적인 단계로 나누고, 한 번에 한 가지 하위 목표에 집중한다.

1. 한 가지 목표를 선택하라. 앞으로 몇 년에 걸쳐 자신이 성취하고 싶은 일들을 목록으로 작성한다. 열 개가 될 수도 있고 스무 개가

넘을 수도 있다. 그 열 가지(혹은 스무 가지)를 한꺼번에 다 하려고 드는 사람도 있을 것이다. 그러나 그렇게 하면 효율성이 떨어질 수밖에 없다. 한 가지 목표를 선택해 목록에서 그 항목을 지울 수 있을 때까지 그 하나에만 에너지를 집중하라.

이때 가장 절실하게 원하는 것을 먼저 선택하는 것이 좋다. 더 절실할수록 그 목표를 실제로 이루어 목록에서 제거할 때까지 지속적으로 노력할 확률도 커지기 때문이다. "OOO를 하면 참 좋을 것 같아." 정도로는 부족하다. 너무나 간절히 원해서 앞으로 몇 달 동안 최우선 순위로 올려놓을 정도는 돼야 한다.

더불어 성취하는 데 걸리는 기간이 6개월에서 1년 정도 걸리는 목표를 고를 것을 제안한다. 1년 넘게 걸리면 집중력이 떨어지고, 마지막에 가서는 지치기 십상이다. 6개월보다 짧은 것은 그만큼 공들일 가치가 없는 것이라고 봐도 무방하다.

정말로 열망하는 목표가 있는데 2년 이상 걸린다면 어떻게 해야 할까? 그것을 여러 개의 하위 목표로 세분화하고, 그 첫 번째 하위 목표를 성취하는 데 1년 정도가 걸리도록 계획을 짠다. 예를 들어 변호사가 되는 것이 최대 목표라고 치자. 그럼 우선 법대에 들어가야 하고, 법대에 붙은 다음에도 4년 과정의 학업을 마쳐야 하며, 그 다음에는 사법고시에도 합격해야 한다(현재는 로스쿨에 진학하여 3년 과정을 이수한 후 변호사 자격을 취득해야 한다). 이 경우 괜찮은 법대에 들어가는 것을 첫 목표로 잡으라. 그 정도만 해도 6개월에서 1년은 걸릴 것이다.

2. 하위 목표로 세분화하라. '한 가지 목표'를 설정했으면 다음 단계는 한두 달 걸려 성취할 수 있는 하위 목표를 정하는 것이다. 위에서 예로 든 법대 입학의 경우 자신이 가고 싶은 법대 네다섯 군데를 정해 각 학교에 대한 주요 정보를 모으는 것을 하위 목표로 잡으면 된다. 이 하위 목표에 "상위 5개 법대에 대한 정보 조사"라고 이름을 붙이는 것도 좋다.

하위 목표를 잡는 이유는 1년 단위의 큰 목표에 비해 더 즉각적으로 성취 가능한 작은 목표를 만들기 위해서다. 큰 목표를 작은 단위로 나누지 않으면 버겁고 모호한 목표를 좇는 과정에서 쉽게 지칠 수가 있다. 오늘 마음먹는다고 해서 어느 날 법대에 거저 합격하는 게 아니다. 그런 일은 일어나지 않는다. 성취 가능한 작은 단계로 세분화하는 과정이 그래서 필요한 것이다.

3. 이 주의 목표. 매주 하위 목표를 성취하는 데 도움이 되는 '이 주의 목표'를 정한다. 위의 법대 입학을 예로 들면 이번 주에는 원하는 지역에 괜찮은 법대가 있는지 찾아보고, 그 학교의 웹사이트에 들어가 학교 정보를 샅샅이 읽어보는 것을 '이 주의 목표'로 잡을 수 있다.

4. 그 날의 과제. 매일 '이 주의 목표'를 달성하는 데 도움이 되는 한 가지 과제를 정한다. 그 과제를 그날의 가장 중요한 일로 삼는다. 다른 일을 하기 전에 그 과제부터 수행한다. 그렇게 하면 다른 급한 일이 생겨 그 날의 과제를 미루는 일을 피할 수 있다.

복잡하게 들릴지 모르지만 실제로 해보면 아주 간단하다. 그 해의 '한 가지 목표'를 잡고(꼭 정초가 아니어도 연중 아무 때나 시작해도 된다), 다시 한 달이나 두 달 정도 걸리는 하위 목표를 잡는다. 매주 '이 주의 목표'를 정한다. 그리고 매일 그 주의 목표를 달성하는 데 도움이 되는 '그 날의 과제'를 정해 그것을 그 날의 가장 중요한 목표로 삼는다.

이 '한 가지 목표' 시스템은 '올해의 목표' 달성에 집중하여 매일 그 목표를 향해 조금씩 다가갈 수 있게 해준다. 한꺼번에 여러 가지를 해 신경을 분산시키는 대신 한 가지에만 에너지를 집중해 목표를 달성하게 해주는 것이다.

프로젝트 리스트를 단순하게 유지하라

아직 프로젝트 목록을 작성하지 않았다면 지금 당장 대충이라도 만들어 보라. 현재 자신이 추진하고 있는 모든 프로젝트를 적어야 한다. 직장에서 맡은 프로젝트는 물론이고 개인적인 프로젝트와 가정 내 프로젝트, 시민단체 프로젝트 등도 모두 포함하라. 프로젝트의 의미가 모호해서 헷갈릴 독자들을 위해 대충의 가이드라인을 제시하자면, 완성하는 데 하루 이상 걸리는 일은 다 해당하는 것으로 보면 된다. 한두 시간 안에 완성할 수 있는 일도 본인이 원한다면 리스트에 넣어도 좋다. 프로젝트란 보통 완성하는 데 여러 가지 작업을 해야 하는 일을 말한다. 자, 여러분이 작성한 리스트에 몇 개의 항목이 들어 있는가? 보통 사람의 경우 열 개에서 스무 개 정도의 프로젝트가 있을 것이다. 유달리 욕심이 많거나 항상 바쁘게 사는 사람이라면 스무 개 이상 있을지도 모른다. 그건 좋은 것이 아니다. 프로젝트가 많으면 효율성이 떨어지기 때문이다.

다음 단계는 일부 독자들에게 좀 어려운 일이 될 수도 있다. 작성한 리스트에서 최우선 순위 3개를 고르라. 카테고리별로 세 개씩 고르면 안 된다. 전체에서 3개를 고르는 것이다.

이 세 개의 프로젝트가 여러분의 '간추린 프로젝트 리스트'다. 나머지 항목들은 두 번째 리스트로 간다. 이를 '대기 리스트'라 부르기로 하자. 나중에 이 '대기 리스트'의 프로젝트들에도 손을 대게 되겠지만, 지금은 아니다. '간추린 프로젝트 리스트'의 프로젝트를 다 끝낼 때까지 '대기 리스트'의 프로젝트는 무시하라.

여기서 분명히 해야 할 것이 하나 있다. 내가 제안하는 이 시스템에서는 '간추린 프로젝트 리스트'의 세 가지 항목을 다 끝낼 때까지 절대로 '대기 리스트'의 항목을 '간추린 프로젝트 리스트'로 옮겨서는 안 된다. 또 세 개 중 하나만 끝내서도 안 되고 세 개 모두를 끝내야만 '대기 리스트' 항목에 손댈 수 있다. 왜냐하면 그래야만 세 개 중 하나가 남았는데 새로운 프로젝트를 건드리는 일을 막을 수 있기 때문이다. 최우선 프로젝트 세 개를 완전히 다 끝낼 때까지 거기에만 신경을 집중할 수 있도록 도와주는 것이다.

'간추린 프로젝트 리스트'의 세 가지 프로젝트는 그 세 개를 다 끝낼 때까지 여러분의 일상에서 최우선 과제가 될 것이다. 그 세 가지가 모두 끝나면 다음 세 가지 프로젝트가 "현행" 리스트에 오르고, 여러분은 다시 거기에만 에너지를 집중할 수 있게 된다. 집중력도 최대로 높이고 우선순위 프로젝트를 실제로 끝낼 수 있으니 여러 모로 좋은 시스템이다.

또 한 가지 제안하는 것은 항상 최우선 프로젝트 세 가지 중 최소한 하나를 '한 가지 목표'와 관련이 있는 것으로 정하라는 것이다. 그러면 일 년을 주기로 하는 그 '한 가지 목표'의 달성에 매일매일 조금씩 기여할 수 있다. 나머지 두 개의 프로젝트는 직장에서의 목표 그리고 개인적인 목표와 관계된 것으로 하나씩 고른다. 자신의 상황에 가장 도움이 되는 것을 고르면 된다.

왜 한 가지 프로젝트에 집중하라고 하지 않을까? 세 가지 프로젝트로 제한하는 것이 효율성을 높여준다면 하나의 프로젝트에 온 정신을 쏟으면 효율성이 더 높아지지 않을까? 이렇게 생각하는 독자가 많을 것이다. 특히나 내가 지금까지 '한 가지 목표'를 강조해왔으니 말이다. 그러나 실제로는 그렇지 않다. 정보를 제대로 입수하거나, 다른 사람들이 할 일을 다 처리하거나, 필요한 작업이 다 이루어지거나, 하청업체라든가 고객이 어떤 일을 처리해줄 때까지 기다리는 동안 내 프로젝트를 잠시 중단하고 있어야 하는 경우가 많다. 프로젝트 하나를 시작해 기다림 없이 완전히 마무리가 될 때까지 계속 진행할 수 있는 경우는 거의 없다. 그게 가능하다면 물론 그렇게 하는 것이 좋다. 한번 프로젝트를 시작해 끝마칠 때까지 다른 데 한눈팔지 말고 그 일만 계속하는 것이다.

그러나 안타깝게도 그럴 수 있는 경우는 거의 없다. 보통은 다른 작업이 끝나거나 필요한 정보가 들어오기를 기다려야만 프로젝트의 다음 단계로 넘어갈 수 있다. 그래서 멀티태스킹을 하는 것이다. 단, 여러 가지 작업을 동시에 한다는 뜻의 멀티태스킹이 아니라 프로젝트 여러 개를 동시에 진행시킨다는 의미의 멀티태스킹이다. 한 프로젝트가 한 시간 혹은 하루 이틀간 정지 상태에 있으면 그 시간에 다른 프로젝트를 진행시킨다. 나는 시행착오를 통해 프로젝트가 세 개일 때 이 '프로젝트 멀티태스킹'이 가장 큰 효과를 발휘한다는 것을 깨달았다. 프로젝트가 세 개를 넘어가면 효율성이 떨어지기 시작한다.

이 시스템으로 효과를 보려면 프로젝트 하나를 완성하는 데 한 달을 넘기지 말아야 한다. 일주일이나 이주일이 가장 좋다. 만약 한 프로젝트를 완성하는 데 일 년이 걸리면 일 년 동안 다른 프로젝트에는 전혀 신경을 못 쓰게 된다. 인생의 나머지 일들을 정지시켜 놓기에 일 년은 너무 길다. 그에 대한 좋은 해결책이 장기 프로젝트를 한 달 이내로 끝낼 수 있는 단기 프로젝트로 세분화하는 것이다. 예를 들어 잡지를 창간하고 싶다면 제일 먼저 디자인 창안 프로젝트에만 신경을 집중하라. 그게 해결되면 다음엔 팀을 꾸리는 것에 에너지를 집중시키고, 그 다음엔 자본금을 마련하는 일에 집중하는 식으로 차례차례 해결한다.

끝내는 것에 초점을 맞추라

우리는 프로젝트 관리에서 종종 가장 중요한 것을 놓치곤 한다. 프로젝트를 기획하고, 작업 목록과 시간표를 짜고, 팀 멤버들에게 작업과제를 나눠주느라 정작 중요한 것에는 미처 신경을 쓰지 못한다. 중간 중간에는 회의하느라 바쁘고, 경과보고 때문에 이메일과 인스턴트 메시지를 주고받느라 정신이 없다. 프로젝트 수행의 기술적인 측면에 정신이 쏠려 정작 프로젝트 수행 자체를 뒤로 미루게 되는 우를 범하는 것이다.

그러나 어떤 프로젝트건 가장 초점을 맞추어야 할 부분은 프로젝트를 완성하는 것이다. 완성이 핵심이다. 매일 그 날의 초점을 프로젝트의 완성에 얼마나 가까워지느냐에 두어라. 정신을 산만하게 하는 것들을 치워버리고 모든 에너지를 프로젝트 하나에만 쏟으라. 필요하면 최우선 프로젝트 중 나머지 두 프로젝트로 초점을 전환해도 되지만, 이왕이면 한 번에 하나의 프로젝트에만 전념하는 것이 좋다. 그런 식으로 완성에 조금씩 다가가는 것이다.

프로젝트 완성에 도움이 되는 노하우 몇 가지를 더 알려주겠다.

- **마음속에 결과를 그려보라.** 프로젝트가 마무리된 것을 어떻게 알 수 있을까? 그것을 알려면 마음속에 미리 구체적이고 명확한 결과를 그리고 있어야 한다. 완성된 프로젝트의 이미지를 떠올려보라. 그리고 그것을 한 문장이나 두 문장으로 표현하여 '간추린 프로젝트 리스트'의 프로젝트 제목 옆에 적어두라. 그것을 목표로 삼으면 된다.
- **프로젝트에서 작업과제로 초점을 이동하라.** 사실 프로젝트 수행이라는 것은 없다. 프로젝트를 이루는 작업들을 수행하는 것이다. 어떤 프로젝트를 추진하든 원하는 결과를 그려보는 것 다음으로 해야 할 일은 프로젝트에서 원하는 결과를 뽑아내기 위해 수행해야 할 작업과제 리스트를 만드는 것이다. 그런 다음 그 리스트에서 가장 시급한 과제를 뽑아 그 과제를 완수하는 데 전념한다. 완수했으면 리스트에 있는 다음 과제로 넘어간다. 이런 식으로 모든 과제를 끝마칠 때까지 계속한다. 여기서도 한 번에 한 과제씩 처리하는 것을 잊지 말자.
- **매일 프로젝트 완성에 보탬이 되는 작업과제를 하나씩 정하라.** 매일 하루를 시작할 때 그날 무슨 일이 있어도 끝내야 하는 가장 중요한 과제(MIT) 세 가지를 정하라. 다른 일은 끝내든 말든 상

관없지만 이 세 가지 과제만은 반드시 끝낸다. 그러면 그 날 할 일은 다한 셈이다. 세 과제 중 최소한 하나는 반드시 최우선 프로젝트와 관련된 것이라야 하며 세 가지 다 관련이 있으면 더 좋다. 이 방법 또한 프로젝트를 완성하는 데 큰 도움이 된다.

- **진행상황을 계속 점검하라.** 프로젝트를 진행하다 보면 조직 관리나 의사소통, 프로젝트의 기술적인 면과 프로젝트를 수행하는 팀원들에게 너무 신경을 쓰느라 초점을 잃기가 쉽다. 초점을 잃지 않기 위해 일주일에 한 번씩 프로젝트 진행상황을 점검하고 완성에 얼마나 가까워졌는지, 나머지 해야 할 일이 무엇인지 확인하라. 프로젝트의 완성에 도움이 안 되는 일에 신경을 너무 많이 쓰고 있다면 즉시 주의를 환기하여 중요한 작업에 신경을 집중하라.

프로젝트 리스트에 대한 결정권이 다른 사람에게 있다면?

운이 좋으면 자신의 프로젝트 리스트를 자신이 완전히 통제할 수 있다. 언제 어떤 프로젝트를 진행할지, 몇 개의 프로젝트를 진행할지 자신이 결정할 수 있는 것이다. 그런데 불행히도 모두가 그런 것은 아니다. 상사 밑에서, 그것도 무엇을 어떻게 하라고 아주 세세한 부분까지 지시하는 상사 밑에서 일하는 사람은 말도 못 하게 답답할 것이다. 그렇게 꼬장꼬장한 상사는 어느 조직에나 있다. 이 경우 상사의 작업 스타일이 프로젝트를 완성하는 데는 도움이 될지 모르나 그 밑에서 일하는 사람들에게는 큰 스트레스를 주곤 한다.

효율성을 위해 최우선순위의 프로젝트를 세 가지 정해놓고 싶은데, 그게 내 맘대로 안 될 수도 있다. 이미 내가 프로젝트 세 개를 골랐는데 갑자기 상사가 프로젝트 몇 개를 덥석 안기면서 당장 시작하라고 요구하는 것이다.

다행히 프로젝트 우선순위에 대한 결정권이 없는 경우에도 적당히 통제권을 발휘할 수 있는 전략이 몇 가지 있다. 내가 제시하는 방법이 전부 다 효과가 있다고 장담할 수는 없다. 그러니 다음 중 자신에게 가장 잘 맞는 방법을 찾아 적용해보라.

1. 자신만의 프로젝트 목록을 만든다. 사전에 허락을 받는 것보다 사후에 용서를 받는 것이 더 나을 때가 있다. 자신이 보기에 꼭 해야겠다 싶은 일을 하고 상사에게는 나중에 알리는 것이다. 물론 그 일을 잘 해내야 한다. 그런데 이 전략은 상사가 세세한 부분까지 간섭하거나 수시로 경과보고를 요구하는 타입일 경우에는 통하지 않는다. 간섭받지 않고 며칠(가능하면 일주일) 동안 일하는 것이 가능한 상황이라면 이 전략으로 효과를 볼 수 있다. 우선 최우선 프로젝트 세 개를 직접 골라 그것에만 완전히 집중한다. 그 세 가지 일을 끝마치면 상사에게 결과물을 보여주면서 '최우선 프로젝트 시스템'을 대략 설명하고 시스템이 성공적인 이유를 조목조

목 설명한다. 아니면 아예 상사에게 말하지 말고 일을 계속한다. 상사는 여러분이 프로젝트를 어떻게 처리하는지 신경도 안 쓰고 그저 제대로 완수하기만 하면 그걸로 만족할지도 모른다.

2. 시간 끌기. 상사가 한꺼번에 세 가지 이상의 프로젝트를 떠맡기면서 수시로 경과보고를 요구하는 타입이라면 시간 끌기 전략이 먹힐 수 있다. 여기서도 잊지 말아야 할 것은 자신이 고른 최우선 프로젝트 세 가지에 완전히 집중하여 최대한 빨리 끝마쳐야 한다는 것이다. 그 외에 상사가 요구하는 다른 프로젝트들은 최우선 프로젝트를 마칠 때까지 잠시 미루어둔다. 시간을 더 요구하든가, 관련 작업 중 몇 개를 동료에게 맡겨 하루 이틀 시간을 벌든가, 아니면 아예 다른 일을 진행하느라 그 일을 아직 시작하지 못했다고 솔직하게 말한다. 거짓말을 하라는 게 아니라 정당하게 시간을 끌라는 얘기다.

3. 상사에게 '최우선 프로젝트 시스템'을 설명해준다. 내가 볼 때 가장 좋은 전략은 바로 이것이다. 제대로 해서 성공할 수만 있다면 나는 이 방법을 쓸 것을 추천한다. 먼저 따로 자리를 마련해 상사에게 이 시스템에 대해 설명한다. 이 시스템이 얼마나 효율성을 높여주는지, 제한을 두는 것이 프로젝트 완성에 어째서 더 효과적인지 자세히 설명한다. 주의할 점은 설명만 해놓고 실행을 제대로

못 하면 말짱 헛것이라는 것이다. 최우선이랍시고 마음대로 프로젝트 세 개를 정해놓고 그것만 붙잡고 질질 끌고 있으면 당연히 상사는 못마땅해 할 것이다. 필요하다면 상사에게 이 책을 소개하라. 그래도 안 되면 내 웹 사이트(zenhabits.net)를 알려주고 내 이메일 주소도 알려주라(zenhabit.net의 사이트 소개란에 등재되어 있다). 내가 대신 설명해주겠다.

4. 상사에게 선택하게 한다. 위의 세 가지 방법이 다 통하지 않고 상사가 계속해서 너무 많은 프로젝트를 떠안긴다면 상사에게 솔직하고 당당하게 말할 필요가 있다. 하루는 24시간밖에 안 되고 한꺼번에 모든 일을 할 수는 없다고 말이다. 이 점을 확실히 한 다음, 여러분이 마음대로 프로젝트의 우선순위를 결정하기를 원치 않는다면 상사가 직접 선택하라고 한다. 상사가 맡긴 프로젝트와 여러분 자신이 작성한 프로젝트 및 과제 리스트를 전부 보여준 뒤 당장은 세 가지밖에 진행할 수 없다고 이야기한다. 그 세 가지를 상사가 고르게 하고, 어떤 프로젝트를 택하건 최선을 다하겠다고 당부한다. 세 가지를 다 끝냈으면 다음 세 가지를 또 고르게 한다. 만약 상사가 여러분에게 주어진 시간이 한정되어 있으며 여러분이 한 번에 모든 것을 다 할 수 없음을 고려해주지 않는다면 그때는 다른 일자리를 알아봐야 할 때이다. 상사가 상식적으로 불가능한 것을 요구하고 있기 때문이다.

08

작업과제 리스트도 단순하게

목표와 프로젝트를 단순화하는 데 성공했다면(앞장 내용 참고) 일단 '덜 하면서 더 하는' 방법을 절반은 깨우친 것이다. 그러나 실제로 눈에 보이는 결과를 얻으려면 어쨌거나 작업과제단위까지 내려가야 한다. 작업과제들을 수행하기 전에는 아무것도 이루어지지 않기 때문이다.

법칙이 아닌 실천의 단계에서 사실 가장 중요한 것이 바로 이 작업과제를 단순화하는 단계다. 앞에서와 같이 이 장에서도 덜 하면서 효율은 높이는, 바꿔 말해 스트레스는 줄이고 더 많은 일을 해내는 전략에 초점을 맞출 것이다.

그 비결은 제한을 두는 것, 한 번에 하나씩만 하는 것 그리고 큰 것보다는 작은 것에 초점을 맞추는 것이다.

가장 중요한 과제(Most Important Task – MIT)

여기서도 우리는 그 날의 포커스가 될 '가장 중요한 과제'를 딱 세 가지만 선택함으로써 제한두기의 효과를 볼 수가 있다.

알고 보면 아주 간단하다. 그 날 가장 하고 싶거나 혹은 가장 해야 할 필요가 있는 과제가 바로 가장 중요한 과제다. 나는 매일 세 가지씩 정하지만 어떤 사람에게는 두 가지, 또 어떤 사람에게는 네 가지가 더 맞을 수도 있다. 일단 세 가지를 정해놓고 해봐서 안 맞으면 조정할 것을 권한다.

그런데 보통 하루에 세 가지보다는 일을 더 하게 되지 않을까? 물론이다. 여기서 중요한 것은 오늘 다른 과제를 몇 가지나 더 하든 이 세 가지는 반드시 처리하는 것이다. 그래서 나는 매일 아침 일어나 냉수 한잔 마신 뒤 그날의 가장 중요한 과제를 제일 먼저 처리한다.

그럼 오늘 처리해야 하는 다른 과제들은 어떻게 할까? 그런 것들은 대개 별로 중요하지 않지만 그래도 하긴 해야 하는 성격의 과제이기 쉽다. MIT 시스템의 좋은 점이 바로 이것이다. 대개는 중요하지 않은 일들(이메일이나 전화통화, 보고서, 회의, 인터넷 서핑, 기타 사소한 볼일 등)이 더 거시적이고 중요한 일들에 끼어들게 마련이다. 그러나 매일 세 가지를 정해 그 날의 최우선 과제로 삼으면 사소한 일들 대신 중요한 일들을 확실하게 처리할 수가 있다.

나는 일단 그 세 가지 과제를 다 하면 더 작은 일들은 묶음으로 해결한다(나는 이것을 "일괄 작업"이라고 부르는데, 이 이야기는 다음 장에서 더 자세히 할 예정이다).

MIT 시스템의 핵심은 이것이다. 세 가지 과제 중 최소 한 가지는 내가 세운 목표들 중 한 가지와 연관이 있는 것이어야 한다. 나머지 두 개는 회사 업무와 관련된 것이어도 좋으니, 그 하나는 반드시 '한 가지 목표'와 관련된 과제라야 한다는 것이다. 그래야 매일 조금씩 목표에 더 가까이 다가갈 수 있다.

이는 결과에서 아주 큰 차이를 만들어낸다. 매일매일 나는 내 꿈을 이루기 위해 뭔가 한 가지를 한다. 그 한 가지는 이미 내 일상에 고정 과제로 자리 잡아서 별로 힘 들이지 않고도 할 수 있다. 자신의 목표 중 한 가지와 관련이 있는 작업과제 하나를 정해 그 일을 매일매일 자동적으로 수행하는 것이다.

명심할 점이 또 하나 있다. 세 가지 과제를 아침에 제일 먼저 해치우라는 것이다. 집에서 하든 출근하자마자 회사에서 하든 상관없다. 그것을 오후로 미루면 점점 바빠져서 결국 못하게 되기 쉽다. 그러니 다른 어떤 일보다 먼저 처리하는 것이 MIT를 확실히 해치우는 비결이다. 그 외에 하는 일은 그날의 덤이라고 봐도 좋다.

가만 보면 참 쉽고 간단한 장치인데도 대부분의 사람들에게 MIT

시스템은 놀라운 발견이다. 때로는 작은 것이 큰 차이를 만든다.

MIT 시스템을 활용해 효과를 보려면 다음을 참고하라.

- 아침에 일어나자마자 즉시 '가장 중요한 과제(MIT)' 세 가지를 정한다.
- 과제를 세 가지로 제한한다.
- 세 가지 중 한 가지는 목표와 관련이 있는 것으로, 혹은 최우선 프로젝트 세 가지 중 하나와 관련이 있는 것으로 정한다.
- 가장 중요한 과제 세 가지를 다른 어떤 일보다 먼저 처리한다.
- 오전 중, 다른 일을 하기 전에 먼저 세 가지 과제부터 처리한다.
- 가장 중요한 과제를 할 때는 반드시 싱글태스킹을 해야 한다. 한 번에 한 가지만 할 때 일의 효율이 가장 좋다(네 번째 법칙 참조).

작은 과제로 세분화하기

한두 가지 중대한 일에 집중하는 것도 중요하지만 과제를 간소화하기 위해서는 과제의 규모에 대해서도 생각해봐야 한다. 오늘 하루 종일 한 가지 과제에만 집중한다고 해도 그것이 너무 규모가 크거나 감당하기 힘든 일이라면 겁을 먹고 포기하게 되는 수가 있다. 아무리 하루에 할 일을 제한해봤자 그 일이 너무 크면 결국 안하게 되는 수도 있다.

대신 한 시간 이내에 끝마칠 수 있는 작은 작업으로 쪼개보자.

이삼십 분에 끝낼 수 있도록 쪼개면 좋고, 십 분 내지 십오 분 정도면 더 좋다. 작게 쪼갤수록 좋다. 그래야 일을 실제로 끝낼 확률이 높기 때문이다.

예를 들어 〈연례보고서 작성〉이라는 큰 작업을 앞에 두고 있다고 해보자. 처음에는 멍하니 컴퓨터 화면을 쳐다보기만 할 것이다. 일을 해야 한다는 것을 알면서도 쳐다만 보고 하지는 않는다. 그러다가 갑자기 이메일을 열어보거나 은행 잔고를 확인한다. '아직도 대출금이 남아있어?' 따위의 잡생각을 하면서 말이다. 아니면 자주 가는 포럼 혹은 웹사이트를 방문하거나 친구한테 전화를 건다. 당연히 일은 그대로 남아있다.

이렇게 미루는 습관은 일을 작게 쪼개는 방법으로 극복할 수 있다. 〈보고서 개요 잡기〉나 〈보고서에 들어갈 논제 의논하기〉, 〈보고서의 첫 단락 작성하기〉 등이 적당하다. 짧은 시간 안에 해낼 수 있는 일들이다. 이 정도면 겁먹지 않을 수 있다. 꾸물거리지 않고 즉시 시작해서 십 분 내지 이십 분 만에 끝낼 수 있다.

중요한 일을 자꾸 미루고 있다면, 그 일을 작게 세분화하여 시작해보라. 그리고 즉시 시작하라. 1분도 지체하지 말고 즉시 시작하는 것이다. 일단 시작만 하면 얼마 안 가 탄성을 받을 것이고, 처음에 하기 싫은 마음만 극복하면 그 다음부터는 술술 넘어갈 것이다. 그렇게 작게 쪼갠 작업을 하나둘씩 해치우다 보면 어느 새 전체 일이 다 끝나있을 것이다.

09

단순한 시간 관리

우리 주변에는 시간을 분 단위로 쪼개 철저히 계획을 세우고 관리하는 사람들이 있다. 그러나 똑같이 계획은 세우지만 계획대로 하는 일은 거의 없는 사람들이 대부분이다.

물론 그렇게 되는 이유는 의도하지 않은 일들이 계속해서 일어나기 때문이다. 그럴 때마다 우리는 임기응변으로 계획을 조정하는 수밖에 없다. 시간 관리, 특히 요즘처럼 근무시간이 유동적인 시대의 시간 관리는 사실 그렇게 철저할 필요가 없다.

시간표를 항상 단순하게 유지하고 분초 단위의 너무 정밀한 계획이나 복잡한 스케줄을 피하는 것이 비결이다.

미니멀리즘 시간표

스케줄에 쫓겨 비명을 지르는 사람, 여유 시간을 확보하고 싶다는 사람들을 위해 단순함과 간결함을 추구하는 '미니멀리즘' 시간 관리를 권한다. 스케줄에 지배당하는 삶 대신 그때그때의 상황에 따라 결정되는 삶을 살 수 있을 것이다.

어떻게 하면 그럴 수 있을까? 먼저 약속을 잡지 말아야 한다. 아마 평소의 습관과 정반대되는 접근법이라 불편해할 사람이 많을 것이다. 그러나 별로 새삼스러운 방법도 아니거니와 이미 효과도 입증되었다. 누가 약속을 잡자고 하거든 "나는 원래 약속을 잡지 않는다."고 하고, 대신 만나고 싶은 날에서 하루(혹은 몇 시간)쯤 전에 연락해서 스케줄이 비는지 물어봐달라고 요청한다. 마침 그때 시간이 나면 그 사람과 만나는 것이고 시간이 안 나면 할 수 없는 것이다. 물론 할 일을 되도록 많이 처리하려면 이런 만남은 최소화하는 것이 좋다. 그런데 스케줄 표에 꼭 표시해놓고 싶은 일도 있을 것이다(나는 구글 캘린더[Google Calendar]를 사용하는데, 언제 어디에서나 사용이 가능해 편리하다). 꼭 갈 필요가 없는 약속이지만 그래도 적어놓고 싶은 일들이 있게 마련이다. 이 경우 스케줄 표는 내 시간을 지배하는 것이 아니라 나에게 어떤 옵션이 있나 환기시켜주는 도구가 된다. 그래도 역시 스케줄 표에 너무 많은 것을 적어두지 않는 것이 좋다.

그런데 스케줄 표를 짜지 않으면 어떻게 중요한 일을 환기시킬까? 먼저 일의 우선순위를 확실히 해두고(다음 페이지 참조) 그때그때의 우선순위에 따라, 그리고 할당 가능한 시간과 쏟을 수 있는 힘의 정도에 따라 할 일을 정한다.

순간에 충실해지는 법, 한 번에 한 가지 일에 집중하는 법, 그 일에 완전히 빠져드는 법을 배워 두라. 어떤 일에 열정적으로 빠져들 수 없거든 그 일은 잠시 접어두고 더 쉽게 빠져들 수 있는 다른 일을 하라. 어떤 일 혹은 프로젝트에 더 열정적으로 임할수록 자연히 더 많은 에너지를 쏟게 되며 더 좋은 결과를 낼 수가 있다.

어떤 일에 완전히 빠져드는 현상을 '몰입(flow)'이라고 한다. 몰입의 개념은 최근 들어 과학계뿐만 아니라 생산성 향상을 추구하는 산업계 전반에서 많은 주목을 받았다. 몰입 상태에서 일하면 생산성과 만족감을 향상시킬 수 있다는 것이 증명되었기 때문이다. 기본적으로 몰입이란 주변의 다른 모든 것을 잊을 만큼 한 가지 일에 푹 빠져드는 것을 말한다. 한 가지 일에 몰입하면 시간 감각도 없어진다. 그러한 경험을 누구나 한 번씩은 해봤을 것이다. 여기서 소개하려는 비결은 '일부러 몰입 상태에 빠지는 것'이다.

몰입 상태에 빠져드는 방법은 다음과 같다.

1. 정말로 좋아하는 일을 택하라. 좋아하지 않은 일에는 몰입하기 힘들다. 정말 좋아하는 일이 무엇인지 찾아봐야 한다.

2. 도전이 되는 일을 택하라. 그러나 너무 어려운 일은 피하는 것이

좋다. 너무 어려우면 몰입하기도 힘들기 때문이다. 반대로 너무 쉬우면 금방 싫증을 느끼게 된다.

3. 정신을 산만하게 하는 것들을 미리 제거한다. 다른 일에 신경을 덜 쓸수록 몰입도 더 잘 된다. 어쨌든 한 가지 일에 집중해야 하니까 말이다. 전화나 이메일 알림 장치, 인스턴트 메시지를 꺼놓고 책상 위 잡다한 물건들, (필요하다면) 컴퓨터도 치워버리자.

4. 작업에 열중하라. 무조건 시작부터 하고, 시작을 했으면 거기에만 정신을 집중한다. 다른 일은 다 잊자. 그 일에서 재미를 찾자. 단, 그러다보면 자기도 모르게 시간이 훌쩍 흘러 약속에 늦을 수도 있으니 주의해야 한다. 약속을 많이 잡는 것이 안 좋은 이유가 바로 이것이다.

일의 우선순위를 확실히 해둔다

스케줄을 비워놓으면 시간이 날 때 무엇을 할지 어떻게 정할까? 그럴 때를 위해 미리 우선순위를 정해놓아야 한다. 앞 장에서 '가장 중요한 과제(MIT)'를 다룬 부분을 다시 읽어보라. 매일 아침 일어나자마자 그날의 과제 세 가지를 정하는 것이 기본 원칙이다. 그날 반드시 끝내야만 하는 과제 세 가지를 목록으로 만든다. 그것이 그 날의 가장 중요한 과제 목록이다. 다른 자잘한 일들도 종류별로 분류하여 리스트를 만들면 좋다. 그러나, 그 날의 포커스는 가장 중요한 과제 리스트가 되어야 한다. 스케줄 표가 아닌 이 MIT 리스트가 하루를 결정하게 하라.

일단 우선순위를 정했으면 나머지는 집중하는 것에 달렸다. 나는 여기서 한 번에 한 가지 일에 집중하는 것이 얼마나 중요한지 다시 한 번 강조하고 싶다. 비록 세 가지밖에 안 되지만 목록에 있는 일들을 다 끝내려면 한 가지씩 차례로 신경을 집중해야 한다. 또한 시작을 했으면 그 일이 끝날 때까지 집중을 유지해야 한다. 멀티태스킹을 주로 해오던 이들에게 이 방법은 극적인 변화로 느껴질 수 있다. 그러나 싱글태스킹이 훨씬 더 생산적이며 스트레스도 덜 준다는 사실을 잊지 말자.

이 일 했다가 저 일로 건너뛰는 멀티태스킹에 익숙한 사람은 싱글태스킹에 익숙해지기까지 시간이 좀 걸릴 것이다. 그래도 괜찮다. 집중이 흐트러질 때마다 다시 하던 일로 살짝 주의를 돌리면 된다. 이런 식으로 계속하다 보면 어느새 중요한 일들을 모두 해치울 수 있을 것이다.

일을 하는 도중에 다른 할 일이 생각나거나, 동료가 부탁할 거리를 들고 내 자리로 찾아올 수도 있고, 갑자기 아이디어가 떠오를 수도 있다. 그런 방해거리가 시간을 잡아먹도록 내버려둬서는 안 된다. 하던 일을 놓고 다른 일을 시작하는 대신 다른 일 혹은 갑자기 떠오른 생각들을 메모해놓고 나중에 살펴보도록 하라. 항상 손닿는 곳에 메모지나 작은 수첩을 놓아두거나, 컴퓨터로 작업 중이라면 따로 메모용 텍스트 파일을 띄워놓는 것도 도움이 된다(아니면 세 가지 중요한 과제 리스트에 덧붙여 적어 넣어도 좋다). 그렇게 메모를 해두고 얼른 하던 일로 돌아간다. 하던 과제를 끝마치면 리스트를 확인하고 다음 할 일을 결정하면 된다.

과제 리스트는 짧을수록 좋다

할 일이 적을수록 계획표 조정할 일도 줄어든다. 투자한 시간에 비해 가장 큰 결과를 낼 수 있는 일에 집중하면 에너지는 덜 들이고 생산성은 높이는 효과를 낼 수 있다. 필요한 시스템이나 도구도 아주 단순하며 스트레스도 크게 줄어든다. 여러 모로 윈-윈 전략이다.

작업과제 리스트의 관리는(물론 모든 관리가 다 그렇지만), '관리하기 전에 줄인다'가 나의 철칙이다. 스케줄에 넣어야 할 일이 스무 개가 아니라 세 개밖에 안 되면 사실상 스케줄을 짤 필요도 없다. 시간 관리를 효율적으로 하기 위해, 할 일은 적을수록 좋다. 불필요한 작업과제는 없애고, 일부는 다른 사람에게 맡기거나 연기하고, 취소할 수 있는 것은 취소하라. 언제나 일을 단순화하거나 절감하거나 제거할 방법을 찾아라. 그리고 중요한 일에 집중하라. 그렇게만 하면 나머지는 저절로 해결된다.

일괄 처리

세 가지 가장 중요한 과제 외에도 처리해야 할 자잘한 일들이 매일 존재한다. 이를 효과적으로 해치우는 방법은 1)절대로 가장 중요한 과제보다 우선순위에 놓지 않고, 2)시간을 절약하기 위해 최대한 묶어서 처리하는 것이다. 컴퓨터 프로그래머들은 이를 '일괄 처리' 또는 '배치 처리(batch processing)'라고 한다. 비슷한 작업들을 묶어 한꺼번에 처리하는 것을 말한다. 그렇게 하면 이 작업에서 저 작업으로 전환할 때 드는 시간을 절약할 수 있다. 중요한 일에 집중하고 있다가 중간에 전화를 걸고, 이메일 답장을 하고, 회의에 들어가고, 다른 프로젝트를 주물럭거리고, 또 다시 전화를 돌리고 하는 대신 중요한 작업들을 먼저 해치운 뒤 전화를 몰아서 하고 이메일도 몰아서 처리하는 편이 훨씬 효과적이다. 작업 전환을 적게 할수록 복잡한 과정을 줄이고, 낭비하는 시간도 줄일 수 있으며, 스케줄도 더욱 심플해진다.

세 가지 중요한 과제 리스트에 '일괄 처리'할 일들의 목록을 덧붙여보라. '전화', '이메일' 식으로 이름을 붙여 항목별로 묶어도 되고, 아니면 '일괄 처리 목록'으로 한꺼번에 적어도 된다. 이 일괄 처리 작업들은 아침에 하는 것보다 오후에 하는 것이 좋다. 오전은 중요한 작업을 처리하는 시간으로 남겨 두고, 중요한 일을 다 해치운 후 나머지 잡다한 일들을 최대한 빨리 처리하라.

일괄 처리하면 좋은 일로 어떤 것들이 있을까?

- **전화 통화**: 하루 종일 전화를 걸고 받는 대신 반드시 전화를 걸어야 할 곳을 메모해두고 한꺼번에 처리하라. 나는 30분 정도 시간을 내 필요한 전화 통화를 한꺼번에 처리하는데 필요한 시간은 사람에 따라 다를 것이다. 시간을 정해놓고 그 시간 동안에는 전화를 안 받는 것도 아주 좋은 방법이다. 음성사서함으로 자동연결 되도록 미리 조치해두면 된다. 이렇게 해두면 시도 때도 없이 걸려오는 전화에 방해받지 않고 중요한 작업에 전념할 수 있다.

- **이메일**: 현대인의 삶에서 이메일은 너무 큰 부분을 차지하고 있다. 자칫하면 이메일에 일상이 지배당하기도 한다. 다음 장에서 더 자세히 논하겠지만, 일단 이 장에서는 이메일 역시 일괄적으로 처리할 것을 제안한다. 정해진 시간에만 이메일을 확인하는 것이다. 오전 10시와 오후 4시 식으로 하루 두 번 정도가 적당하나 이 또한 각자 자신에게 맞게 조정하면 된다. 단 아침에 일어나자마자, 또는 출근하자마자 이메일부터 확인하는 습관은 버리는 것이 좋다. 왜냐하면 이메일에 열중하느라 중요한 일을 뒷전으로 미룰 수가 있기 때문이다.

- **잡일**: 자질구레한 일들은 한꺼번에 몰아서 처리하는 것이 좋다. 집이나 사무실 밖으로 나가는 횟수를 줄이기 위해서다. 하루 일과의 마지막에 몰아서 처리하거나 아니면 아예 하루를 잡일 처리하는 날로 정하라.

- **문서처리 업무:** 나는 요새 처리할 문서 업무가 거의 없다(아예 종이를 쓰지 않는다). 그러나, 보통 사무실에서 문서 작업을 없애는 건 불가능한 일이다. 작성해야 할 보고서나 서류, 읽어볼 문서 등이 많이 있다면 하루 종일에 걸쳐서 처리하지 말고 한꺼번에 처리하라.

- **미결서류함 처리:** 미결서류함 확인은 이메일 확인과 절차가 매우 비슷하다. 미결서류함에 들어오는 서류들을 하나씩 일일이 살펴보면서 처리를 할지 말지, 어떻게 처리할지 결정해야 하기 때문이다. 서류가 들어올 때마다 그 과정을 반복하면 애초에 세워둔 계획이 아닌 서류처리 작업에 하루를 저당 잡히고 만다. 시간을 정해 놓고 그때까지 들어온 서류들을 한꺼번에 처리해보라.

- **회의:** 자신이 회의 참석 결정권을 가지고 있지 않은 경우가 많을 것이다. 그러나 혹시 여러분이 회의를 열 권한을 가지고 있다면 정해진 시간에 되도록 몰아서 하고, 또 회의를 열 때마다 목적과 시간제한을 분명히 해놓고 시작할 것을 권한다. 그렇게 해야 나머지 근무시간에 중요한 작업을 자유롭게 처리할 수 있기 때문이다. 가능하면 회의를 아예 안 여는 것이 좋다. 시간낭비로 끝날 때가 많으니까.

- **자주 방문하는 웹사이트:** 여러분이 나와 비슷하다면 매일 방문하는 웹사이트가 최소한 몇 군데는 있을 것이다. 하루 종일 이

사이트들만 들락거리느라 중요한 작업을 미루지 말고 정해진 시간에만 방문할 것을 권한다.

- **자료조사**: 글쓰기를 위해 자료를 수집하거나 자료가 될 만한 글을 읽어봐야 하는 직업이 있다. 이 경우에도 가능한 한 몰아서 하는 것이 좋다.

- **관리**: 모든 직업에는 유지·관리를 위해 해야 할 자잘한 일들이 있다. 전문 블로거인 나 같은 사람에게는 댓글 관리라든가 광고창 관리, HTML 코드 손보기 같은 작업이 이에 해당한다. 다른 직종에도 이런 식의 유지 관리 작업이 요구된다. 중요한 프로젝트나 작업 외에, 꼭 필요하지만 사소한 작업들을 말하는 것이다. 이런 작업들도 역시 가능하면 하루 일과의 마지막으로 몰아서 처리하는 것이 좋다.

시간 관리를 위한 간단한 도구들

아무리 시간 관리를 한다고 해도 너무 복잡한 도구를 쓰거나 너무 여러 가지 도구를 이용하면 '단순한 시간 관리'라고 할 수가 없다. 위에서 설명한 시간 관리 철칙을 제대로 따른다면 사실 여러 도구가 필요 없다.

나는 다음과 같은 아주 단순한 도구를 활용할 것을 제안한다.

- **달력**: 두꺼운 스케줄러나 복잡한 컴퓨터 프로그램을 쓰는 대신 최대한 단순한 도구를 쓰는 것이 좋다. 약속이 거의 없다면 그냥 달력을 쓰는 것이 낫다. 날짜 칸에 약속이나 할 일을 한두 개 정도 적어놓을 수 있는 흔한 달력을 말한다. 아이의 발표회라든가 담임선생님과의 만남 일정을 적어 넣어야 할 경우 온라인 달력이 유용하다. 나는 구글 캘린더를 추천한다. 이용이 쉽고 간편하며 인터넷 접속이 되는 곳이라면 어디에서든 사용 가능하다. 종이 달력이나 구글 캘린더 모두 나중에 읽어보고 추억을 떠올릴 훌륭한 비망록이 되기도 한다.

- **종이수첩 또는 텍스트 파일**: 주머니에 쏙 들어가는 작은 수첩을 사용할 것을 권한다. 어떤 용도로도 사용할 수 있다. 그날의 세 가지 과제와 일괄 처리할 작업 리스트를 써도 좋고 '한 가지 목표'를 써넣어도 좋다. 한 가지 도구만 이용하면 좋은 점은 이것저것 신경 쓰지 않아도 되니 편리하다는 것이다. 컴퓨터가 더 편한 사람은 단순한 텍스트 파일을 이용하면 된다. 나도 그렇게 하고 있다. '해야 할 일' 파일을 만들어 놓고 꼭 처리해야 할 일이나 좋은 아이디어 따위가 떠오를 때마다 파일을 열고 기록한다. 내 텍스트 파일을 열면 제일 위에 그날의 가장 중요한 과제 목록이 있고 그 밑에 일괄 처리 작업 목록이 있다. 그 밑에는 때때로 떠오르는 아이디어나 기타 메모사항을 적어 넣는다. 그렇게 적어놓고 하루에 한 번씩 처리한다.

10

이메일 관리

이메일은 이제 일하는 데 없어서는 안 될 도구가 되었다. 우리는 하루 종일 '받은 편지함'을 들락거리며 친구나 가족과 소식을 주고 받는 것에서부터 업무 프로젝트 수행까지 모든 일을 해결한다.

그런데 불행하게도 이메일은 단순한 편의 제공 수준을 넘어 일에 방해가 되는 것은 물론 우리의 일상까지 잠식하기 시작했다.

이메일의 받은 편지함에서 허우적대는 것보다 훨씬 멋진 삶을 사는 방법이 있다. 이메일을 이용하는 시간을 최소한도로 줄이고 제한두기로 이메일 효율성을 높이고, 받은 편지함을 깨끗하게 비우는 것이다.

결코 불가능한 얘기가 아니다. 제한 두기, 그리고 간단한 법칙과 습관을 익혀 이메일을 최대한 빨리 처리하기를 배우면 된다.

이 두 가지만 배우면 이메일에서 벗어나 진짜 중요한 일, 예를 들면 '한 가지 목표'라든가 우선적인 프로젝트, 중요한 작업과제 등에 시간을 쏟을 수 있다.

이메일 관리의 '득도'에 이르는 비결은 다름 아닌 '덜 하기' 법칙, 즉 '단순화'와 '제한 두기'를 적용하는 것이다. 그러면 얼마 안 가 쏟아지는 이메일을 능숙하게 처리하는 이메일 마스터가 되어있을 것이다.

미결서류함의 수를 제한하라

현재 정보를 주고받는 수단으로 몇 가지를 이용하고 있는가? 어떤 이들은 여섯 가지 통로로 의사소통을 한다 — 핸드폰 문자, 음성사서함, 종이 문서, 일반적인 편지, 블로그, 각종 온라인 서비스(트위터, 페이스북, AOL[America on-Line] 등)를 모두 이용하는 것이다. 전부 일종의 미결서류함으로 볼 수 있으며, 각각 지속적인 관리가 필요하다. 미결서류함 관리는 끝이 없는 작업이다. 그러나 지치거나 스트레스를 받지 않으면서 관리하는 방법이 있다.

이용하는 미결서류함의 수를 최소화하는 것이 그 첫걸음이다. 의사소통 및 정보교환 채널의 관리를 '관리 가능한' 수준으로 통제하고 나머지 시간을 생산적인 일에 투자하기 위해서다. 받은 메시지를 확인하거나 받은 자료를 읽기 위해 열어보아야 하는 곳이 다 미결서류함에 해당하는데, 미결서류함이 많을수록 당연히 관리하기도 힘들어진다. 따라서 다른 중요한 일들을 제대로 수행하기 위해서는 미결서류함의 수를 최소한으로 줄여야 하는 것이다.

여기 그 노하우를 소개한다.

1. 현재 자신이 이용하고 있는 정보수집 및 의사교환 채널을 전부 적어본다.
처음에는 생각이 안 나 다 못 적을 수도 있지만 차차 생각나는 대로 추가해가며 목록을 작성한다. 이 목록에는 디지털과 아날로그 형태 모두 포함되어야 한다. 종이와 컴퓨터가 모두 포함되어야 한다는 뜻이다.

2. 각각의 수단이 정말로 이용 가치가 있는지 따져본다.
우리는 때때로 별 쓸모가 없는 미결서류함까지도 확인하곤 한다. 순전히 습관적으로 그러는 것이다. 혹시 핸드폰이 있는데 호출기까지 사용하고 있지는 않은가? 그렇다면 호출기가 정말로 쓸모가 있는지 한번 생각해보기 바란다.

3. 미결서류함을 통합하거나 어떻게든 없앤다.
쓸모없는 미결서류함이 있거든 그것을 없애버려라. 일주일 동안 그것을 사용하지 않고도 아무 문제가 없는지 한번 실험해보라. 나머지 미결서류함들은 다수의 정보 채널을 하나로 통합하는 방법을 찾도록 하자. 예를 들어 집으로 오는 편지나 청구서 등이 여러 군데로 분산되어 있는가? 편지나 회사 서류, 학교에 제출할 과제물, 전화 메모, 컴퓨터 인쇄물 따위를 전부 하나의 미결서류함에 몰아 보관하라. 이메일 주소를 네 개나 가지고 있는가? 하나의 주소로 전송하여 한꺼번에 확인하라. 두 개 이상의 음성사서함 서비스를 이용하고 있는가? 하나로 통합하거나 아니면 인터넷을 이용하여 이메일로 들어오도록 하라. 회사에서도 모든 서류가 하나의 미결서류함으로 취합되도록 조치를 취하라. 블로그를 하루에 수십 개씩 방문하는가? 수십 개의 블로그를 일일이 열어보는 대신 RSS 리더 서비스를 이용하여 한 페이지에서 새 포스팅을 한꺼번에 확인하도록 하라. 요는 미결서류함이 적을수록 좋다는 것이다. 다 합쳐서 네 개에서 일곱 개 정도로 취합 정리하자. 한 개나 두 개로 통합할 수 있으면 더욱 좋다.

이메일 확인하는 시간을 제한하라

하루 종일 이메일을 열어놓거나 이메일 편지함을 끊임없이 들락거리며 새 편지를 확인한다면 정작 다른 중요한 일들은 하나도 못하고 말 것이다. 정해진 시간에만 이메일을 확인하고, 나머지 시간에는 손도 대지 않는 것이 상책이다. 그래야 중요한 일을 할 때 제대로 집중할 수가 있다.

가장 좋은 방법은 미리 하루에 몇 번, 하루 중 언제 이메일을 확인할지 정해놓는 것이다.

몇 가지 노하우를 소개한다.

- **하루 정해진 횟수**: 하루에 몇 번이나 이메일을 확인하느냐는 어떤 직업을 가졌느냐와 상관이 있다. 하루에 한 번만 확인해도 되는 경우가 가장 이상적이다. 이메일 때문에 방해받는 시간도 거의 없을 테고, 하루 한 번 확인하는 습관은 매우 효율적이고 바람직하기 때문이다. 그러나 보통은 하루 두 번 정도가 더 현실적이다. 일과 관련된 사항을 이메일로 주고받기 때문에 더 자주 이메일을 확인해야 하는 사람은(예를 들면 고객서비스 부서에서 일하는 사람) 확인 횟수를 한 시간에 한 번으로 제한해보라(한 시간의 처음 10분만 이메일에 할애하는 식으로 제한하는 것도 좋다). 그러나 하루 한 번도 안 열어봐도 되는 사람, 이틀에 한 번이나 일주일에 두 번, 심지어 일주일에 한 번만 확인해도 되는 사람도 있을 것이다. 만약 여러분이 이 부류에 속한다면, 이메일에 얽매이지 않아도 되는 자유를 마음껏 누려 확인 횟수를 최소한도로 유지하라.
- **가장 적당한 시간**: 나는 하루 두 차례, 오전 10시와 오후 4시에

이메일을 확인하는 것이 가장 좋다는 것을 경험으로 터득했다. 오전에는 급한 일이 있는지 확인하고, 오후에는 일을 마무리하는 선에서 확인한다. 그러나 사람마다 일하는 시간이나 형태가 다르니 각자 근무 습관과 평상시의 스케줄, 요구 등을 살펴보고 자신에게 가장 적당한 때를 정하기 바란다. 중요한 것은 정해놓은 시간을 지키는 것이다.

- **아침에 제일 처음 하는 일이 이메일 확인이어서는 안 된다.** 생산성 향상을 위한 가장 유용한 조언으로 아침에 일어나자마자(혹은 출근하자마자) 이메일을 확인하지 말라는 얘기가 있는데, 전적으로 옳은 얘기다. 아침에 제일 먼저 이메일을 확인하면 자신이 '가장 중요한 일'을 정하는 게 아니라 이메일에서 요구하는 일들이 그날 하루를 결정하게 된다. 이메일에 발목을 잡혀 종일 벗어나지 못하게 될 위험이 있는 것이다. 그런데 '아침에 일어나자마자 확인하지 말라'는 이 단순한 규칙도 지키지 못하는 사람이 많다. 이메일에 중독됐기 때문이다. 이메일 중독은 흔한 현상인데, 치료법이 없는 것은 아니다. 첫 번째 단계는 자신의 이메일 사용 행태를 점검해보는 것이다. 무심코 이메일을 열기 전에 자신이 왜 이메일을 열려고 하는지 생각해보자. 다음 단계는 좀 더 의식적인 결정을 내리는 것이다. 이메일을 열까 아니면 내가 하기로 한 일을 할까, 잘 생각해보고 결정을 내리라는 것이다. 이메일에 얽매여 있는 대신 중요한 프로젝트에

시간을 쏟거나 '한 가지 목표'를 성취하는 데 더 집중한다면 그만큼 빨리 꿈을 이룰 수 있을 것이다.

- **이메일 알림 장치를 꺼놓는다.** 대부분의 이메일 서비스에는 새 메일이 오면 소리나 팝업 메시지 혹은 깜빡이 아이콘으로 알려주는 프로그램이 있다. 그런 알림 프로그램을 사용하고 있다면 그것을 꺼놓을 것을 강력하게 권한다. 알림 장치를 켜놓으면 자신이 확인하기로 정해놓은 시간에 이메일을 여는 것이 아니라 시도 때도 없이 보내는 사람 마음대로 이메일을 확인해야 한다. 알림 장치를 꺼놓고 정해진 시간에만 이메일을 확인하는 것이 좋다. 그렇게 하면 중요한 일을 훨씬 많이 처리할 수 있을 것이다.

- **이 습관을 계속 유지하려면.** 이메일 확인을 하루 두 번만 하겠다고 말하는 건 쉽다. 그러나, 이미 몸에 밴 오랜 습관을 깨기란 그리 쉽지 않다. '하루 두 번'이라는 새로운 습관을 들이고, 또 그것을 유지하려면 어떻게 해야 할까? 1~2주 동안 이 원칙을 지키는 것을 최우선 과제로 삼아보라. "오전 10시와 오후 4시 외에는 이메일 확인 금지"라고 크게 써서 벽에 붙여놓아도 좋다. 무의식적으로 이메일을 열려고 할 때마다 자제심을 발휘하라. 크게 심호흡을 한 다음 하던 일로 다시 주의를 돌리는 것이다. 그 보상으로 일을 전보다 훨씬 빨리 끝마칠 수 있을 것이다.

받는 메일을 줄여라

이메일 관리 전략 중 가장 결정적인 것은 애초에 받은 편지함에 불필요한 메일이 들어오는 것을 막는 것이다. 나도 하루에 수백 통의 이메일을 받지만, 그 중 대부분은 받은 편지함에 들어오지 않는다. 곧장 스팸 편지함이나 휴지통으로 들어간다. 중요한 편지만 받은 편지함에 들어오도록 해야지, 그러지 않으면 쏟아지는 편지를 처리하느라 하루를 다 흘려보내게 될 것이다.

받은 편지함으로 들어오는 이메일의 양을 줄일 수 있는 방법이 몇 가지 있다.

1. 스팸 메일. 스팸 필터링 기능이 가장 강력한 G메일(Gmail) 등을 추천한다. 스팸 필터링 기능이 약할 때는 일일이 메일을 정리해야 하는 불필요한 시간이 들어갔지만, 지금은 이메일을 정리하던 시간을 많이 줄이게 되었다.

2. 통지서. 아마존(Amazon)이나 워드프레스(WordPress), 페이팔(PayPal) 등 현재 내가 이용하고 있는 온라인 서비스로부터 통지 메일이 종종 날라 온다. 나는 이 통지서들이 편지함을 채우고 있는 것을 눈치 채자마자 필터(애플 메일[Mail.app]이나 아웃룩[Outlook]의 경우 '룰[rule]')를 이용해 이 소식지들이 자동으로 '읽음'으로 표시되도록 하거나, 아니면 더 좋은 방법으로 즉시 휴지통으로 직행

하게 했다. 대신 페이팔 명세서를 보고 싶으면 언제든 '청구서' 폴더를 찾아보면 된다. 이제 더 이상 받은 편지함을 꽉 채운 공지 메일을 일일이 지우지 않아도 된다.

3. 일괄 처리. 나한테 오는 이메일 중에는 즉각 처리해야 할 이메일도 있다(어림잡아 15초 내로 처리해줘야 하는 것들이다). 이런 이메일이 어떤 성질을 띠는지 잘 알기 때문에 필터를 만들어 그 메일들이 '일괄 처리' 폴더에 담기도록 설정했으며, 하루 한 번씩 그 폴더를 열어 처리하고 있다. 폴더에 들어온 메일들을 전부 처리하는 데 고작 1, 2분밖에 안 걸리며 받은 편지함에서 일일이 골라 처리할 필요도 없다.

4. 쓸데없는 수다 편지. 가족이나 친구들이 자꾸 연쇄메일('죽음의 편지' 같은)이나 쓸데없는 농담을 끼적거린 메일을 보낸다면 그들에게 답장을 보내 사정을 설명하라. 쏟아지는 이메일의 양을 줄이기 위해 노력하고 있으며, 생각해주는 것은 고맙지만 그런 메일은 안 받았으면 좋겠다고. 분명 상처받는 사람이 있을 것이다. 그러나, 시간이 지나면 마음이 풀어질 것이다. 어떤 사람은 그래도 계속해서 쓸데없는 편지를 보낼 것이다. 나는 그래서 그런 메일을 위한 필터를 따로 만들어 메일이 곧장 휴지통으로 가도록 했다. 그런 '상습범'들은 나의 블랙리스트에 올라 있다. 그들이 혹시

라도 중요한 내용의 이메일을 보낼 경우(그런 일은 거의 없지만), 시간이 지나면 십중팔구 그쪽에서 전화를 걸어 왜 반응이 없느냐고 물어본다. 그러면 나는 편지가 스팸 폴더로 들어간 것 같다고 말해준다.

5. 사전 차단과 정책 공지. 받는 이메일의 양을 줄이는 가장 좋은 전략은 선제 행동을 취하는 것이다. 사람들에게 특정 내용의 이메일은 보내지 말라고 미리 말해두거나, 쉽게 구할 수 있는 정보는 굳이 이메일로 물어보지 말고 인터넷 검색 기능을 이용하라고 말해두는 등의 사전 조치를 말한다. 내 경우 대부분의 사람들이 주로 내 웹사이트에서 메일주소를 알아내 메일을 보낸다. 그래서 그 웹사이트에 가장 많이 받는 내용의 이메일을 사전 차단하는 공문을 올려놓았다. 웹사이트 방문자들이 내 공문을 따라준다면 나는 받는 이메일의 양을 크게 줄일 수 있다. 예를 들어 나한테 어떤 사이트를 링크로 연결해달라고 부탁하는 이메일을 보내는 대신 자신들이 직접 북마크 서비스를 이용해 그 링크를 브라우저에 등록하면 된다. 제안이나 의견, 질문이 있으면 이메일을 보내는 대신 웹사이트의 게시판에 올리면 된다. 공통된 질문이나 문제제기를 줄이기 위해 앞으로 FAQ(자주 하는 질문)란도 만들 계획이다. 이런 식으로 공지를 해두면 나는 모든 이메일에 일일이 답하는 부담을 덜 수 있다. 웹사이트에 올라오는 의견이나

질문들을 거의 전부 읽어보긴 하지만 답변은 당분간 시간이 날 때만 하고 있다. 그래도 이러한 노력 덕분에 요즘 내 편지함은 전에 비해 훨씬 가벼워졌다. 웹사이트를 운영하지 않는 이들도 이메일을 돌리거나 다른 게시판에 올리거나 혹은 동료들에게 메모를 돌리는 방법으로 얼마든지 정책이나 FAQ 목록을 공지할 수 있다.

받은 편지함 비우기

중요한 편지만 받은 편지함으로 들어오게 하는 데 성공했다면 남은 문제는 얼마나 빨리 편지함을 비울 수 있냐는 것이다. 나는 보통 20분 이내로 새 편지를 다 처리할 수 있다. 그러나, 처리 시간은 여러분이 다음의 편지함 비우기 기술에 얼마나 숙달됐느냐? 메일을 얼마나 많이 받느냐? 그리고 얼마나 집중력을 발휘할 수 있느냐? 에 따라 달라진다. 그러나, 다음의 방법을 잘 따르면 누구든 최소한의 시간을 들여 받은 편지함을 비울 수 있다.

1. 임시 폴더. 평소에 편지함이 아주 꽉 차 있다면(편지가 수백, 수천 통 오는 경우를 말한다) 임시 폴더를 만들어('나중에 처리하기' 등의 이름을 붙인다) 옮겨놓고 나중에 열어보는 방법이 있다. 나중에 열어볼 때도 한 번에 30분씩만 시간을 할애하여 임시 폴더가 빌 때까지 차차

처리해나간다. 받은 편지함을 비운 상태에서 시작하여, 다음의 단계를 따라 최소한의 시간을 들여 편지함을 빈 상태로 유지한다.

2. 이메일 밖으로 옮겨 처리하라. 대부분의 경우 이메일이 받은 편지함에 그대로 남아있는 이유는 그것을 처리하기 위해 어떤 행동을 취해야 하기 때문이다. 편지를 받은 편지함에 그대로 남겨두지 말고, 다시 말해 받은 편지함을 '처리해야 할 일들' 폴더로 이동하지 말고, 대신 이메일 외부에 따로 시스템을 마련해 이메일에서 요구하는 것들을 메모를 해두라. 종이수첩, 온라인 파일, 플래너 등 어디에 옮겨 적어도 상관없다. 하여튼 받은 편지함에만 남겨두지 않으면 된다. 필요하다면 어떤 이메일을 참고하라고 메모를 덧붙여도 좋다. 그런 다음 이메일을 다른 곳에 따로 보관하거나 삭제해버린다. 이런 식으로 하면 빠른 시간 내에 편지함을 비울 수 있을 것이다. 여전히 이메일에서 요구하는 일들은 남아있지만 최소한 받은 편지함을 꽉꽉 메우고 있지는 않으니 한결 홀가분할 것이다.

3. 최대한 빨리 처리하라. 메일을 위에서부터 아래로 훑으면서 하나씩 열어보고 즉시 처리한다. 몇 가지 옵션이 있다. 삭제하기, 따로 보관하기(나중에 참고하기 위해), 즉시 답변(답변 후 따로 보관하든가 삭제)하기, '할 일' 리스트에 넣기(그리고 메일은 따로 보관하든가 삭제), 즉시 행

동 취하기(2분 안으로 해결할 수 있는 일이라면 — 그런 다음 메일은 따로 보관하든가 삭제), 혹은 다른 사람에게 전송(그리고 메일을 따로 보관하든가 삭제)하기다. 여기서 주목해야 할 것은 어떤 것을 택하든 메일은 결국 다른 곳에 옮기거나 삭제해야 한다는 것이다. 어떻게든 받은 편지함에서 없애야 한다. 절대로 편지함에 그대로 두어선 안 된다. 이것을 계속 연습하다 보면 메일이 수십 통이 쌓여있어도 몇 분 안에 재빨리 처리할 수 있게 될 것이다.

4. 삭제 버튼 사용을 주저하지 말라. 모든 이메일에 꼬박꼬박 답장을 해야 한다는 의무감이 들 때가 많을 것이다. 하지만 그럴 필요 없다. 이렇게 생각해보라. "이걸 지운다고 무슨 큰 일이 일어나겠어?" 그 '큰 일'이 너무 심각한 것이 아닐 경우 그냥 과감히 메일을 삭제하고 다음으로 넘어가라. 모든 편지에 답할 수는 없다. 중요한 것만 골라 답하고 넘어가야 한다. 실제로 답장을 하거나 행동을 취해야 하는 메일만 골라 처리하면 최소한의 시간을 투자해 최대치를 해결할 수 있다. 성과의 80퍼센트는 20퍼센트의 투입으로 산출된다는 '80 대 20 법칙'이 여기에도 적용되는 것이다.

5. 받은 편지함 비우기. 일단 이메일을 열었으면 편지함이 빌 때까지 계속 처리한다. 편지함에서 새 편지를 발견하고도 그냥 내버려두어선 안 된다. 반드시 새 편지를 처리하고 편지함을 비우라. '받

은 편지함에 안 읽은 편지를 내버려두지 말 것'을 원칙으로 삼으라. 이것만 지키면 편지함은 깨끗해질 것이다. 얼마나 시원한가!

덜 쓰기

이메일에 쏟는 시간은 줄이면서 내가 보내는 단 몇 통의 이메일로 최대의 효과를 보는 방법은 짧지만 강렬한 편지를 보내는 것이다. 자, 지금까지 스팸 필터링과 메일 추려내기로 반드시 답해야 하는 중요한 이메일 몇 개를 골라냈다. 여기서 장문의 답장을 써 보내면 그 모든 노력을 헛수고로 만드는 꼴이 된다. 그래서, 나는 각 답장을 다섯 문장으로 제한하고 있다(최대치가 다섯 문장이다. 보통 그보다 짧게 쓴다). 그럼 자연히 간결하게, 꼭 해야 할 말만 골라 쓰게 된다. 그리고 답장 쓰기에 할애하는 시간도 최소한으로 제한하게 된다.

어디까지 제한할지는 사람마다 다르다. 어떤 이에게는 일곱 문장 정도가 적당할 것이다. 자신에게 어느 정도가 잘 맞는지 며칠간 실험해보고, 일단 정한 다음에는 그 제한선을 넘지 않도록 하라. 비결은 제한이다. 몇 문장이라고 선을 그어두면 핵심적인 말만 골라 쓰면서 이메일 쓰는 시간도 최소한도로 줄일 수 있다.

11

인터넷 사용은 간단히

　이제 인터넷은 단순히 정보만 얻는 곳이 아니다. 우리는 인터넷 상에서 살고 있다. 인터넷으로 물건을 사고, 인터넷상에서 친구를 만들고, 인터넷으로 소통하고, 인터넷상에서 놀고 일하며, 인터넷에 시간을 낭비하기도 하고, 또 다른 곳에서는 찾을 수 없는 자료를 인 터넷에서 찾기도 한다.

　이렇게 많은 것이 가능하니 일 하려고 인터넷을 켰다가 엄한 웹 사이트를 뒤지느라 한두 시간 날려버리는 일이 허다하다. 인터넷이 라는 블랙홀에 빠지는 것이다. 이 블랙홀은 자칫 우리 인생을 송두 리째 삼켜버릴 수도 있다. 이제부터는 인터넷 사용에도 '덜 하기'의 법칙을 적용해보자. 적절히 제한을 두면 인터넷도 더 생산적으로 사용할 수 있다. '제한 두기'와 '덜 하기' 두 가지만 적용하면 온라인에서도 오프라인에서도 지금보다 훨씬 많은 일을 해낼 수 있다.

자각: 자신의 인터넷 사용 실태를 점검하라

3일 동안 자신이 인터넷을 어떻게 이용하는지 모니터해보라. 하루에 인터넷을 몇 시간 사용하는지, 어느 사이트에서 시간을 보내는지 대강 파악이 될 것이다. 이 작업은 인터넷 사용을 통제하는 데 중요한 첫걸음이다. 어떤 대상이든 간소화하려면 먼저 패턴을 제대로 파악해야 한다. 어떤 사람은 이 작업으로 뒤통수를 얻어맞은 듯한 충격을 받을 수도 있다. 생각했던 것보다 훨씬 많은 시간을 이메일이나 즐겨찾기 사이트에서 보내고 있음을 깨닫게 되기 때문이다.

일단 자신의 인터넷 사용 패턴을 파악하고 나면 어떤 사이트가 시간낭비 사이트인지 판단할 수 있다. 시간은 많이 빼앗는데 목적 달성에는 아무런 도움도 주지 않는다면 그것은 시간낭비 사이트다. 그런 웹 사이트에는 접근을 제한해야 한다.

의식: 계획을 세우라

자각을 했으면 이제는 의식을 할 차례다. 내킬 때마다 인터넷을 열고 멍하니 시간을 흘려보내는 대신 이제는 의식적으로 인터넷을 사용해야 한다. 의식적인 인터넷 사용이란 목적이 뚜렷한 상태에서 제한을 두고 사용하는 것을 뜻한다. 재미로 혹은 그냥 웹 서핑 하려고 인터넷을 열면 안 된다는 얘기가 아니다. 얼마든지 하되 의식적으로 하는 것이 중요하다. 한 마디로, 일할 때는 일하고 놀 때는 놀라는 말이다.

인터넷 사용 계획은 그때그때 필요에 따라 달라지겠지만 다음 사항은 항상 염두에 두고 계획을 세우도록 하자.

- 정말 필요한 것이 무엇인가? 일하는 데 반드시 필요한 인터넷 작업은 무엇인가? 그 사이트들을 언제 방문해야 하며 또 얼마나 자주 방문해야 하는가?
- 재미를 위해 즐겨찾기 해둔 사이트는 무엇인가? 그런 사이트는 방문을 하되 시간을 미리 정해두라. 일을 다 했을 때 보상으로 방문하는 것도 좋은 방법이다.
- 방해받지 않고 집중해서 일해야 할 때는 언제이고 심심풀이로 웹 서핑 하며 놀 수 있는 때는 언제인가?

한 가지 노하우를 소개하겠다. 하루를 1)방해받지 않고 (인터넷 없이) 일에만 몰두해야 하는 시간, 2)이메일이나 인스턴트 메시지 등의 커뮤니케이션에 할애할 시간, 3)자료 조사를 비롯하여 업무 때문에 꼭 인터넷을 사용해야 하는 시간, 그리고 4)재미있는 사이트를 방문하거나 목적 없이 웹 서핑을 할 시간, 이렇게 네 덩어리로 나누어보라. 그 시간표에 따라 인터넷 창을 열면 더 의식적이고 현명하게 인터넷을 사용할 수 있으며 일도 훨씬 생산적으로 할 수 있다.

집중: 인터넷 없이 일하는 습관 익히기

내가 '생산성 높이기'에 가장 큰 효과를 본 방법은 아무 방해 없이 일에만 전념해야 될 때 아예 인터넷 접속을 차단해버리는 것이었다. 지금 이 책도 인터넷을 완전히 차단한 채로 쓰고 있다. 어떤 사람들, 특히 항상 인터넷 창을 띄워놓고 사는 이들에게는 너무 가혹한 방법으로 느껴질 수 있다. 그러나 일단 익숙해지기만 하면 몇 시간씩 온라인 접속을 안 한 채 보내는 것이 얼마나 편안하고 즐거운지 깨닫게 될 것이다.

예를 들어 오늘의 가장 중요한 과제 세 가지 중 첫 번째가 열대우림에 관하여 보고서나 과제물 혹은 기사를 작성하는 것이라고 해보자. 그런데 글을 쓰려면 먼저 인터넷에서 자료를 찾아야 한다. 이럴 때는 먼저 시간을 정해 놓고(30분이라고 치자) 목적도 분명히 해둔다(이 경우 열대우림에 관한 자료를 최대한 많이 구하는 것이 되겠다). 자료 조사를 마쳤으면 즉시 인터넷을 끄고 과제물 혹은 보고서를 작성하기 시작한다.

인터넷 자료 조사나 온라인 커뮤니케이션이 필요하긴 하지만 글쓰기나 그림 그리기, 원고 편집, 자료 읽기처럼 '본 작업'에는 인터넷이 필요 없는 직업을 가진 사람도 있을 것이다. 인터넷을 계속 켜둔 채 위의 작업을 하면 몇 분에 한 번씩 인터넷 창을 열고 싶은 충동을 억누르느라 손이 근질근질할 것이다. 'OOO한테 이메일 보내야 하는데…', '참, 검색해볼 책이 있었지!', '이 노래 다운로드하려고 했는데, 깜빡했다.' 이런 생각이 불쑥 불쑥 머리에 떠오른다. 즐겨찾기 사이트를 열고 싶은 유혹이 끊임없이 우리를 괴롭힌다. 인터넷이 와서 놀자고 자꾸만 유혹하는데 일에만 집중하기란 거의 불가능하다.

이럴 때 인터넷을 아예 차단하면 이러한 유혹도 차단할 수 있다. 인터넷 접속이 불가능하면 어쩔 수 없이 일을 해야 하게 되기 때문에 결과적으로 훨씬 많은 양의 일을 끝마치게 된다.

인터넷을 차단한 상태로 일을 할 때 주의해야 할 점은 다음과 같다.

- 인터넷 자료 조사를 먼저 해두라. 그러면 일을 시작한 후 다시 접속하지 않아도 된다.
- 다른 방해거리들도 모조리 치워버리고 인터넷을 차단하면 더욱 일에 집중할 수 있다.
- 타이머를 켜놓고 자신이 정한 시간만큼은 백퍼센트 일에만 집중하도록 노력하라.
- 인터넷으로 해야 할 일이 생각나면 메모를 해두라. 당장 인터넷에 접속하

지 않아도 된다. 나중에 하면 된다.

- 규칙적으로 인터넷을 차단하고 일에 집중하는 "오프라인 시간"을 정해놓고 실행해보라. 하루 종일 차단하는 "오프라인 데이"를 가져보는 것도 좋다.
- 극단적 방법이 필요하다면, 클릭 한 번으로 쉽사리 인터넷 창을 열지 못하도록 아예 인터넷 선을 뽑아두라.
- 정말로 필요하다면 인터넷 연결선을 정해진 시간 동안 다른 사람이 통제하게 하라. 아니면 노트북컴퓨터를 가지고 무선 인터넷 연결이 안 되는 조용한 곳으로 가 집중해서 작업하는 것도 좋다.
- 작업을 끝마쳤을 때 그에 대한 보상으로 즐겨 찾는 웹사이트를 방문하라. 단, 일을 확실히 끝마쳤을 때만 자신에게 허락해야 한다.

여기 쓰여 있는 대로만 해도 전보다 훨씬 능률이 오를 것이다.

훈련: 인터넷 접속 충동을 어떻게 극복할까

인터넷은 우리 모두 인정하기 싫지만, 도박이나 마약처럼 일종의 '중독'이다. 때문에 인터넷을 끊고 일에 집중하려고 하면 금단증상에 시달릴 수도 있다. 이 금단증상은 여러분이 상상하는 것보다 훨씬 심각하다. 여러분이 인터넷 중독자라면 인터넷을 차단하고 지내는 것은 아예 생각조차 할 수 없을 것이다.

그러나 다른 중독과 마찬가지로 인터넷 중독도 노력만 하면 얼마든지 이겨낼 수 있다. 엄청난 집중력과 에너지가 필요하지만 결코 불가능한 것은 아니다.

다음의 조언을 참고하라.

- 최소 일주일간 '인터넷 끊기'에 집중한다. 한 달이면 더 좋겠지만 한 달씩이나 인터넷을 안 쓰는 것은 어렵다는 것을 잘 안다. 이 일주일 동안 인터넷에서 벗어나 일해야 할 때는 일만 하는 것을 목표로 삼으라.
- 인터넷 사용에 관한 규칙을 세워놓고 그 규칙들을 따른다. "오전 10시와 오후 4시를 제외하고 이메일 확인 금지"라든가 "오전 9시부터 10시까지는 인터넷 사용 금지", "오전에는 인터넷 사용 금지" 같은 것들이 효과적이다. 각자 사정에 맞춰 규칙을 정하되 규칙을 반드시 지키는 데 초점을 맞춘다.
- 인터넷 창을 열고 싶은 충동이 일면, 충동이 잦아들 때까지 기다린다. 충동이라는 것은 파도와 같다. 점점 거세게 다가오다가 어느 순간 부서진다. 이어서 또 다른 파도가 밀려오겠지만, 그것도 부서지게 내버려두면 된다. 몇 분만 참으면 충동은 잦아들 것이다.
- 긍정적인 외부 압력을 적절히 활용한다. 가족이나 친구 혹은 동료들에게 정해진 시간에 인터넷을 멀리하는 데 협조해달라고, 규칙을 지키도록 도와달라고 부탁한다. 친구들에게 감시를 부탁하고 매일 상황을 보고하라. 이러한 긍정적 압력이 중독에서 벗어나는 데 큰 도움이 된다.

- 자신에게 상을 준다. 정해진 시간에 인터넷을 안 켜고 버티는 데 성공하면 자신에게 상을 주라. 맛있는 것을 먹는 것도 좋고 이메일을 체크할 시간을 허락하는 것도 좋다. 동기부여가 되는 것이면 어떤 것이든 좋다.
- 심호흡이나 물 마시기, 어깨나 손목 주무르기, 산책하기 등 중독자가 금단현상을 견디는 데 도움이 될 만한 회피 전략을 다 동원한다. 그러다보면 인터넷을 하고 싶은 충동이 어느새 가라앉을 것이다.
- 인내를 갖고 실행한다. 무엇이든 익숙해지기까지는 시간이 걸리게 마련이다. 인터넷을 끊는 것도 연습하면 할수록 점점 쉬워질 것이다. 나중에는 시원한 해방감마저 맛볼 수 있다.

12

단순한 파일링 시스템

지금껏 나는 여러 사무실에서 일을 해봤는데, 개중에는 책상마다 위에 서류가 잔뜩 쌓인 사무실도 있었다. 서류더미 위에 또 서류더미를 쌓아올리는 것이다. 동료들 중에는 그렇게 쌓아놓는 것이 자기만의 정리 방식이라고 우기는 사람도 몇몇 있다. 하지만 나는 (그들이 "여기 분명히 있었는데…" 하고 중얼거리며 서류더미를 끝없이 뒤적이는 것을) 봤다. 서류더미를 뒤적이느라 근무시간의 태반을 잡아먹는 것을 보면서 도대체 왜 더 좋은 방법을 쓰지 않는 걸까 하고 궁금해 한 적이 한두 번이 아니다.

그렇게 척척 쌓아놓는 게 더 편한 사람도 더러 있다. 그러나, 보통 사람들에게는 스트레스와 두통만 안겨 주고 시간낭비를 초래할 뿐이다. 서류더미라는게 결국 무엇인가? 우리가 다음 두 가지를 실패했다는 증거다.

1. 단순한 파일링(서류 정리) 시스템 만들기
2. 즉각적, 일상적으로 그 시스템을 이용하는 습관 붙이기

오늘도 내 책상 위는 방금 치운 밥상마냥 깨끗하다. 전화기 한 대와 컴퓨터, 작은 공책 한 권이 전부다. 위의 두 가지에 성공한 덕분이다. 그럼 그 두 가지 기본 법칙을 하나씩 차례로 살펴보기로 하자.

단순한 파일링시스템 만들기

활용도 높은 파일링시스템의 핵심은 단순성이다. 시스템이 복잡하거나 이용하기 어려우면 초반에 조금 이용하다가 결국 포기하게 된다. 단순하고 활용 가능한 파일링시스템을 만드는 노하우 몇 가지를 소개한다.

1. 없앤 다음 정리하라. 정리의 첫 번째 룰은 정리를 시작하기 전에 불필요한 것들을 먼저 없애는 것이다. 서류함이 꽉 차 터질 것 같거나 아니면 서류함에 넣을 문서가 산더미처럼 쌓여있다면, 그것

을 다 정리하는 데 몇 날 며칠이 걸릴 것이다. 게다가 몇 날 며칠 걸려서 다 정리를 해도 필요한 서류를 찾는 데 또 몇 시간이 걸릴 것이다. 따라서 이를 단순화하기 위해서는 아래와 같이 해보자.

- 우선 모든 문서를 하나의 더미로 쌓아올린다. 하나로 쌓을 수 없을 경우, 나누어 쌓아도 된다. 중요한 것은 전부 한 더미로 모으는 것이다. 종이가 엉망으로 비어져 나온 폴더가 있으면 거기서 종이를 다 꺼내 함께 쌓는다. 나는 최근에 우리 집 서재의 서류함을 뒤집어엎고 이 작업을 했는데, 결과적으로 서류의 3분의 2를 없앨 수 있었다. 그러는 데 고작 한 시간이 걸렸다.
- 하나씩 검토한다. 문서든 폴더든 하나씩 살펴보고 어떻게 할지 결정한다. 한두 달 안에 사용할 것 같지 않은 서류는 주저 없이 처분한다. 조금 망설여지는 것도 그냥 던져 버리라(아니면 분쇄기에 넣거나 이면지로 써도 좋다). 최대한 많이 처분하라. 나는 서류를 처분한 것을 한 번도 후회해본 적이 없다.
- 다른 사람에게 넘긴다. 버리지는 못하겠는데 다른 사람이 처리하는 게 나은 서류가 있으면 바로 그 사람에게 보내라. 그렇게 해서 하나라도 더 치우라.
- 서류함에 보관한다. 어떤 서류가 꼭 필요하고 다음에 쓸 일이 있을 거라는 확신이 들면, 그것은 서류함에 들어갈 서류이다. 이제 간단한 서류함 정리법을 알아보도록 하자.

2. 단순한 파일링시스템. 어려울 것 없다. 그냥 알파벳(혹은 가나다)순으로 정리하면 된다. 시중에서 구할 수 있는 평범한 마닐라 폴더와 라벨을 구입해 고객이나 거래처별 혹은 프로젝트별로 각각 파일을 만든다. 대개는 서랍 하나면 충분하다. 더 많이 필요한 직업도 있겠지만, 보통 회사원이나 프리랜서들에게는 서랍 하나만 있으면 된다. 게다가 서랍이 하나만 있으면 서랍이 넘칠까봐 조금이라도 불필요한 문서는 전부 버리게 되므로 더 좋다. 복잡하게 생각할 것 없다. 파일을 만들고 그 파일을 알파벳(혹은 가나다)순으로 정리하기만 하면 된다. 단순한 것이 최고다.

3. 즉시 파일처리 한다. 서류함을 깔끔하게 유지하는 최고의 비결은 문서가 생길 때마다 즉시 정리해 넣는 것이다. 미결서류함(인-박스)에서 당장 처리할 필요는 없는데 나중에 살펴봐야 할 서류가 나왔을 때, 나중에 정리할 심산으로 책상 위에 쌓아놓아서는 안 된다. '나중에 처리할 것' 또는 '제목 없음' 폴더에도 넣지 말라. 대신 당장 서랍을 열고(그래서 서류정리 서랍은 가까운 곳에 있어야 한다), 알맞은 폴더를 꺼내 서류를 넣고 제자리에 다시 넣으라. 5초면 된다. 당장 하지 않으면 결국 쌓일 텐데, 쌓아놓는 것은 최악의 정리 방법이다.

쌓아놓는 것이 왜 안 좋을까? 얇은 서류도 한번 쌓기 시작하면 금세 엄청난 두께의 더미가 된다. 그렇게 쌓인 더미는 쳐다보기도 싫고 정리하기도 싫어진다. 게다가 필요한 서류를 찾을 수도 없다. 그런 건 파일링 시스템이라고 부를 수도 없다. 무조건 쌓아 놓고서 '내 나름의 정리 시스템'이라고 주장하는 사람이 많지만 쌓아놓기만큼 비효율적인 시스템도 없다. 어느 더미에 어떤 서류가 있는지 재차 확인해야 하고, 필요한 서류를 찾으려면 하루 종일 걸리기 때문이다. 더불어 책상을 어지럽혀 산만한 분위기를 조성한다는 단점도 있다.

4. 준비물을 항상 충분히 구비해둔다. 마닐라 폴더와 라벨을 항상 충분히 구비해두라. 나중에 참고하기 위해 보관할 서류가 생겼는데 새 폴더나 라벨이 없으면 십중팔구 정리를 미루게 된다. 정리를 할 때마다 마닐라 폴더와 라벨을 구해오기 귀찮으니 결국에는 정리를 미루게 되는 것이다. 그러면 얼마 안 가 다시 책상에 서류가 쌓이게 될 것은 불 보듯 뻔하다.

따라서 손닿는 곳에 준비물을 구비해 놓는 것이 좋다. 그럼 파일을 새로 만들어야 할 때마다 라벨을 붙이고 서류를 넣고 가나다 순으로 서랍에 집어넣기만 하면 된다.

5. 차차 정리할 서류를 줄인다. 지난 한 해에 걸쳐 나는 의식적으로 정리할 서류를 줄여왔다. 그래서 이제는 서류정리함을 거의 사용하지 않을 정도가 되었다. 물론 일주일에 한 번은 서랍을 열고 필요

한 파일을 찾아보지만, 예전에 비해 새로 정리해 넣는 서류의 분량이 훨씬 줄었다. 여러분도 정리해 넣는 서류를 천천히, 의식적으로 줄여보라. 정리할 서류를 줄이는 비결을 몇 가지 소개하겠다.

- **참고정보를 온라인에 올려놓는다.** 나는 요새 찾고 싶은 것이 있으면 단축키 조합을 눌러(나는 웹 사이트나 문서를 열 때 자동단축키를 이용한다) 필요한 문서를 연다. 그러면 필요한 정보가 다 나온다. 연락처나 생활비 입출금 내역, 메모해둔 아이디어, 각종 기록 등을 전부 온라인에 저장해놓았기 때문에 이제는 종이로 프린트할 필요도 없고 서류정리를 할 필요도 없다.

- **새로 생기는 문서를 줄인다.** 사람들에게 팩스나 우편으로 필요한 문서를 보내는 대신 이메일로 보내달라고 부탁하라. 요즘에는 사람들이 모든 것을 컴퓨터로 작성하기 때문에 종이로 인쇄하여 주고받는 것은 이미 구식이 되어버렸다. 웬만하면 디지털로 처리해달라고 해도 전혀 무리한 부탁이 아니다. 더불어 소식지나 잡지 등도 인쇄 버전을 버리고 디지털 버전을 구독하라.

- **출력은 이제 그만.** 아직도 많은 이들이 매일 자신이 받는 이메일이나 첨부 문서, 심지어 자신이 작성한 문서들을 전부 출력한다. 두 부를 가지고 있게 되는 셈인데, 그러면 쓸데없이 수많은 나무를 죽이는 꼴이 된다. 게다가 디지털 버전뿐 아니라 출

력한 종이까지 이중으로 정리 보관하는 번거로움을 감수해야
한다. 필요한 정보를 찾을 때는 디지털 버전을 찾는 것이 훨씬
쉽다는 것을 명심하자.

- **다른 문서들도 검토해보라.** 서류를 새로 정리함에 넣을 때마다 자
  신에게 물어보라. 이 인쇄물이 정말 필요한가? 온라인에서 볼
  수는 없는가? 보낸 사람은 이것을 꼭 나에게 보내야만 했을
  까? 스캔해서 디지털 형식으로 보관하는 것이 낫지 않을까?
  이 문서를 봐야 할 일을 없앨 수는 없을까? 이런 식으로 자신
  이 받는 모든 종류의 문서를 하나씩, 천천히 줄여가도록 하자.

집에서 하는 서류정리의 비결

위에서 소개한 다섯 가지는 회사 사무실에서도 집에서도 적용가
능한 방법이다. 그래도 집에서 문서를 정리하는 데 도움이 될 방법
을 따로 소개한다.

1. 집안에 "우편물 센터" 자리를 지정해 모든 우편물과 문서를 그곳에 모은다.

집으로 들어오는 모든 문서들을 담아 두는 미결서류함과 쓰레기
통(우리에게 가장 쓸모 있는 아이템!), 약식 파일링 시스템(서랍이나 파일 케이
스에 마닐라 폴더 몇 개 넣어놓은 정도로도 괜찮다), 편지봉투와 우표, 수표,
펜 등을 담을 수 있는 바구니 등이 전부 여기 해당한다.

2. 가정용 미결서류함. 집에 들여오는 모든 우편물, 학교 통신문, 회사 서류 등은 전부 미결서류함에 곧바로 집어넣으라. 거실 테이블이나 식탁, 책상 같은 데 획 던져놓지 말고 미결서류함 한 군데에 몰아 놓는다. 우편물은 즉시 개봉하여 봉투와 기타 광고전단, 광고 우편, 카탈로그 등은 바로 쓰레기통에 던져버린다. 봉투를 즉시 개봉하지 않더라도 어쨌든 미결서류함 한 군데로 몰아 보관해야 한다.

3. 생활요금이나 카드명세서는 바로바로 처리하라. 우편물을 정리하면서 각종 요금 및 카드사용 고지서는 정해진 날에 한꺼번에 낼 생각으로 따로 모아두는 경우가 있다(한 달에 두 번 지불일을 정해놓은 사람도 있을 테고, 매주 한 번씩 처리하는 사람도 있을 것이다). 그러나 내가 추천하는 방식은 우편물을 정리하면서 고지서나 명세서를 발견하면 그 즉시 처리하는 것이다. 고지서와 돈을 준비해놓고 내일 아침 당장 은행으로 달려가거나 아니면 인터넷 뱅킹으로 처리한다. 어느 쪽이건 고지서는 사라지고 신경 쓸 일도 그만큼 줄어든다.

4. '할 일' 리스트나 달력에 메모하라. 해야 할 작업이나 약속, 스케줄이 프린트된 종이가 눈에 띄면 즉시 '해야 할 일' 리스트에 옮겨 적거나 아니면 무조건 달력에 기입한다(나는 구글캘린더를 이용한다). 나는 심지어 아이들 축구 경기나 학교 행사도 전부 구글캘린더

에 기입하며, 학교 통신문이나 행사 알림장은 따로 "통신문" 폴더에 넣어 나중에 필요할 때 꺼내본다.

5. 즉시 정리한다. 이미 요금을 지불한 고지서나 이미 읽어본 문서는 즉시 정리함에 넣는다(버리면 더 좋다). 거실 테이블에 아무렇게나 던져놓거나 '나중에 정리할 것들' 폴더에 끼워두지 말고 미결서류함에 마냥 내버려두지도 말라. 즉시 정리해서 서랍에 집어넣으라. 카드회사나 발행처별로 라벨을 붙인 폴더들을 미리 준비해둔다. 다른 중요한 서류를 보관할 폴더도 따로 항상 준비해놓는다. 필요한 파일을 즉시 찾을 수 있도록 단순하게 알파벳 혹은 가나다순으로 넣는다. 또한, 필요할 때 재빨리 새 폴더를 만들 수 있도록 마닐라 폴더와 라벨을 충분히 구비해둔다. 서류정리의 핵심은 서류를 즉시 처리해 쌓이지 않도록 하는 데 있다.

핵심은 어떤 문서도 미결서류함이나 정해진 서랍 외에 다른 곳에서 뒹굴지 않도록 하는 것이다. 아주 간단하고 효과적인 비결이다. 중요한 것은 이것을 습관화하고 일상적으로 지키는 것이다. 그러기 위해서는 일정 시간이나 요일을 정해놓고 정기적으로 미결서류함을 비우고 고지서를 처리해야 한다. 이렇게 단순한 시스템을 만들어두면 잡다한 문서를 깨끗하게 처리하여 골칫거리를 줄일 수 있다.

13

책임 목록 단순화하기

오늘 당장 변화를 줘서 생산성과 효율성을 높이거나 하고 싶은 것을 할 자유를 얻는 등 가장 큰 영향을 미칠 수 있는 부분이 있다면, 그것은 인생에서 우리가 맡은 책임을 줄이는 것이다.

그 한 가지의 변화로 그동안 내지 못했던 시간을 비로소 낼 수가 있다. 중요한 일을 하거나 목표를 좇는 데 투자할 시간, 여태까지 미뤄왔던 운동이나 독서를 할 시간, 진심으로 좋아하는 일을 할 시간, 조용히 혼자서 보낼 시간, 사랑하는 사람들과 함께 보낼 시간을 낼 수 있는 것이다.

물론 책임을 줄이는 것은 결코 쉽지 않다. 결단력이 있어야 하고,

"그 일은 안 맡겠습니다."라고 말할 의지가 필요하며, 시간이 걸리기 때문에 인내심도 필요하다. 그러나 일단 책임을 줄이는 데 성공하면 그에 대한 보상은 여러 가지 면에서 평생에 걸쳐 받게 될 것이다.

너무 많은 책임을 떠안았을 때 감수해야 하는 것들

대부분의 사람들은 너무 많은 책임을 떠맡아 헐떡거리며 산다. 직장에서도 주 업무 외에 여러 가지 일을 맡아 한다. 그런데 주 업무도 한 가지 작업만 해서 되는 게 아니다. 게다가 이런 저런 단체의 운영위원도 맡고 있고, 참석해야 하는 회의도 한두 개가 아니며, 여러 개의 프로젝트를 동시에 진행하고 있고, 협회며 세미나에도 참석해야 하고, 정기적으로 고객들을 만나봐야 하며, 이런저런 단체의 이사회에도 얼굴을 내밀어야 한다.

그걸로 끝이 아니다. 시민단체에서 맡은 일도 있고, 가족에 대한 의무도 있으며, 취미 생활이나 집안일도 있고, 온라인 동호회에서 맡은 일도 있고, 종교 활동도 해야 하며, 투잡스 족은 일도 한 가지 더 해야지, 운동도 해야지, 기타 참여하고 있는 사교 모임도 한두 가지가 아니다.

위에 열거한 모든 책임을 다 맡아 수행하는 것이 불가능한 것은 아니다. 문제는 자기만의 시간을 단 30분도 가질 수 없으며 그 모든 책임이 요구하는 시간과 에너지에 지쳐 나가떨어진다는 것이다.

어떤 일을 맡아달라는 부탁에 "예"라고 대답할 때마다 우리는 자신의 삶의 일부분을 내놓고 있는 것이다.

재미있는 것은 이 모든 책임을 한꺼번에 떠안는 사람은 아무도 없다는 것이다. 책임은 한 번에 하나씩 우리의 어깨에 얹어진다. 따로따로 떼어놓고 보면 부담스럽게 느껴지는 것은 하나도 없다. 그러나 그것이 누적되면 서서히 우리 삶을 집어 삼켜 버리고, 결국 우리의 인생은 더 이상 우리 것이 아니게 된다.

우리의 어깨를 무겁게 하는 이러한 책임들을 한 번에 하나씩만 덜어내 보자. 그래야만 자신에게 정말 중요한 일을 할 시간을 만들 수 있다.

현재 맡은 일의 목록을 작성하라

자신이 맡은 일들을 주체적으로 관리하기 위해서는 우선 지금 맡은 일들의 목록을 작성해 상황을 파악해야 한다. 맡고 있는 일들의 목록을 지금 당장 작성해보라.

다음은 흔히 적용할 수 있는 항목들이다(여기에다 각자 해당되는 항목을 더 추가해도 좋다).

- **직업**: 보통은 직업이 하나라도 맡은 책임은 여러 가지일 수 있다. 전부 목록에 적어 넣는다.

- **제2의 직업**: 부수입을 위해 프리랜서로 일하거나 파트타임으로 일하는 사람도 많다.

- **가족**: 우리는 가정에서도 남편이나 아내, 아버지나 어머니, 아들이나 딸의 역할을 맡고 있다. 어떤 역할이든 많은 책임이 따른다.

- **아이들**: 우리 아이들은 축구팀, 합창단, 장학 퀴즈 대표팀, 전국 주니어 영예학생 단체, 농구팀, 철자 퀴즈 팀, 과학경시대회 대표팀, 기타 강습반 등의 일원으로 활동하고 있다. 아이가 맡은 일은 곧 부모가 맡은 일이 된다.

- **시민단체**: 여러 단체에서 자원 봉사 활동을 하거나 비영리단체에서 위원회 멤버 혹은 운영자로 활동하는 사람도 있다.

- **종교단체**: 많은 이들이 교회에서 한 가지 이상 책임을 맡고 있거나 교회 조직에서 직책을 맡아 활동하고 있다. 그리고 최소한 일주일에 한 번씩 예배에 참석한다.

- **취미생활**: 달리기나 자전거 타기를 즐기는 사람도 있고, 어떤 사람은 모형 만들기를 즐기며, 인터넷 만화 동호회에 가입하여 활동하는 사람도 있다. 이러한 것들도 책임의 일종이다.

- **집에서**: 가족 간에 서로에 대한 책임 외에도 각자 집에서 해야 하는 일들이 있다.

- **온라인 활동**: 포럼이나 커뮤니티 사이트 혹은 구글 그룹의 정회원으로 활동하는 것도 일종의 책임이다.

이밖에 다른 항목을 추가해도 좋다. 하나도 빼놓지 말고 적으라. 목록을 철저히 작성할수록 좋다.

간추린 목록(Short List) 만들기

목록의 조항을 하나하나 주의 깊게 살펴보면서 자신에게 물어보라. 이 일이 내 인생에 어떤 가치를 더해주는가? 이 일은 나에게 얼마나 중요한가? 이 일은 내가 생각하는 우선순위의 일 혹은 우선적인 가치와 얼마나 일치하는가? 이 일을 그만두는 것이 내 인생에 어떤 영향을 끼칠까? 이 일은 인생의 목표를 성취하는 데 도움을 주고 있는가?

조목조목 따져본 다음 가장 중요한 책임 네다섯 개만 골라 "간추린 목록(Short List)"을 작성하라. 여러분이 가장 좋아하는 일, 여러분에게 가장 중요한 일은 무엇인가? 내가 고른 네 가지는 이것이다.

1. 가족과 시간 보내기
2. 글쓰기
3. 달리기
4. 독서

이게 전부다. 긴 리스트를 네다섯 개로 줄이려면 아마 오랫동안 깊이 고민해봐야 할 것이다. 간추린 목록을 만들었으면 먼저 작성한 목록으로 돌아가 어떤 것이 '간추린 목록'과 부합하고 어떤 것이 전혀 상관이 없는지 따져보라. 간추린 목록과 부합하는 일이 핵심적인 책임이 된다. 예를 들어, 내 블로그 '젠 해비츠'에 포스팅을 하는 것은 내가 맡고 있는 책임 중 하나다. 그런데 이것은 내 '간추린 목록'의 '글쓰기' 항목과 일치한다. 따라서 블로그 포스팅은 나에게 핵심적인 일이 된다.

여러분에게 가장 핵심적인 책임은 어떤 것들인가?

비핵심적인 책임을 제거하라

여러분이 작성한 목록에서 핵심적이지 않은 항목들은 낱말의 정의상 전부 비핵심적인 것이다. 즉, 없애도 되는 것들이다.

비핵심적인 책임을 제거하는 일은 아주 중요한 작업이다. 그렇게 하면 여유 시간을 충분히 확보할 수 있고, 스트레스를 덜 받으며, 핵심적인 일들에 신경을 쏟을 수 있게 되기 때문이다. 진짜 중요한 프로젝트나 사랑하는 가족, 정말로 좋아하는 일에 할애할 시간이 좀처럼 나지 않는가? 비핵심적인 일들을 제거하고 남는 시간을 '간추린 목록'에 할애한다면 그렇게 원하던 여유 시간을 마침내 가질 수가 있다. 다음을 참고삼아 여러분의 책임 목록에서 비핵심적인 일들을 하나씩 제거해보라.

1. **작은 것부터 시작하라.** 한꺼번에 제거하는 것은 무리다. 목록에서 제거하기 쉬운 것을 찾아 그것을 출발점으로 삼으라. 투자하는 시간과 노력에 비해 보상이 가장 적게 돌아오는 것을 골라내라. 자신이 중요시하는 가치와 최우선 순위의 일, 인생의 목표와 가장 부합하지 않는 일을 골라내라. 그 일을 적어도 2주일 이상 중단하고 자신이 견딜 수 있는지 지켜보라.

2. **전화나 이메일로 사정을 설명하라.** 맡은 일이 너무 많아 감당을 못하겠다고 사정을 설명하라. 사과를 하되 단호한 태도를 보여야 한다. 협상의 여지를 보여서는 안 된다.

3. **스케줄에서 그 일과 관련된 모든 약속을 지우고, 대신 그 시간을 '간추린 목록'에 있는 일을 하는 데 쓰라.** 시간이 났다고 한가롭게 TV나 보지 말고 시간을 현명하게 사용하라.

4. **이 과정을 반복한다.** 다른 비핵심적인 의무들도 한 번에 하나씩 똑같은 절차를 거쳐 제거해나간다. 목록에서 비핵심 항목을 전부 제거하는 것을 목표로 삼는다. 아마 시간이 좀 걸릴 것이다. 특히 일을 대신할 사람을 찾아야 하는 경우는 더 그렇다. 그래도 지우려고 했던 항목을 전부 지울 때까지 멈춰서는 안 된다.

하나의 책임을 내려놓을 때마다 잠시 죄책감이 들 것이다. 관계자들이 여러분에게 일을 계속해달라고 압력을 넣기 때문이다. 그러나 매일, 혹은 일주일에 한 번, 한 달에 한 번 그 일을 하지 않아도 된다는 것은 엄청난 심적 부담을 내려놓는 것이다. 우선 시간이 많이 난다. 그리고 다른 사람들은 실망할지 몰라도, 그들에게 중요한 일보다는 자기 자신에게 중요한 일을 하는 것이 백 배 낫다. 만약 남들이 원하는 일만 계속 해주다보면 우리 인생은 남의 것이 되어버릴 것이다.

거절하는 법을 배우라

"내가 맡은 책임" 리스트는 하룻밤 새 그렇게 불어난 것이 아니다. 여러분이 승낙을 했기 때문에 하나씩 늘어난 것이다. 여러분은 누가 부탁을 할 때마다 "예" 하고 넙죽 받아들였고, 그것이 쌓여 지금에 이르렀다.

이제 비핵심적인 책임을 제거하고 '간추린 목록'을 위해 시간을 만들고 있는 만큼, 새로운 책임은 가능한 한 더하지 않아야 한다. 책임을 더 맡는 것이 좋을 때도 있다. 그것이 자신이 정말 좋아하는 일이며 동시에 별로 좋아하지 않는 일 하나를 내려놓을 수 있는 경우라면 말이다. 그러나 보통 새로 책임 하나를 떠맡으면 일거리만 늘고 정작 중요한 일이나 좋아하는 일에 쏟을 시간과 에너지는 빼앗기게 마련이다.

따라서, 앞으로는 누군가 부탁을 하면 거절할 줄도 알아야 한다. 어떤 일을 맡아달라는 부탁은 집에서건 직장에서건 시도 때도 없이 들어온다. 전화로 들어올 수도 있고 이메일로 들어올 수도 있다. 때로는 슈퍼마켓에서 우연히 마주친 아는 사람이 부탁을 해오기도 한다. 상대방이 어떤 책임을 맡아달라고 부탁을 할 때, 이를 빨리 알아채고 거절하는 법을 배워야 한다.

거절을 유난히 어려워하는 사람이 있다. 승낙해야 한다는 의무감을 느끼는 사람, 남의 부탁을 거절하면 죄책감을 느끼는 사람, 친구나 동료, 사랑하는 사람이 절박하게 뭔가를 부탁해오면 도저히 외면 못하고 들어주고야 마는 사람들이다.

그러나, 꼭 들어줘야 할 의무는 없다. 반대로, 거절해야 할 이유는 분명히 있다. "내 시간은 한정되어있고 소중하니까요."가 그 이유다.

시간은 얼마든지 있고 한 시간쯤 할애하는 것은 아무것도 아니라고 여길 수도 있다. 그러나, 대부분의 사람들은 하루에 자유 시간이 고작 한두 시간밖에 나지 않는다. 잠자는 시간과 출근 준비 시간, 식사 시간, 통근 시간, 근무시간과 집다한 집안일 하는 시간을 다 빼면 고작 그것밖에 안 남는 것이다. 이 자유 시간은 기를 쓰고 지켜야 한다. 이 두 시간은 우리에게 가장 소중한 시간이다. 그러니 무슨 일이 있어도 지키자. 남의 부탁을 거절하기가 힘든 사람들을 위해 몇 가지 조언을 해주겠다.

- **무엇보다 알아차리는 것이 중요하다.** 남이 나에게 부탁을 하면 그것은 곧 내 시간을 일부 떼어줄 것을 요구하는 것임을 알아차려야 한다. 더불어 누구에게나 시간은 한정되어 있으며, 그 시간을 자신이 진정 원하는 것을 하는 데 보내야 가장 의미가 있음을 알아야 한다.

- **'간추린 목록'을 참고하라.** 상대방이 맡기려는 일이 내 '간추린 목록'의 4~5가지 일 중 한 가지와 부합하는가? 부합하지 않는다면 그 일은 비핵심적인 일이다. 그런 일을 하느라 인생을 낭비하지 말자.

- **솔직하게 말한다.** 스트레스를 너무 많이 받아서 맡은 일을 줄이려 한다고 솔직하게 말하라. 몇 가지 일에만 집중하려 하며, 새로운 일은 당분간 맡을 수 없다고 이야기하라. 대부분은 이해해줄 것이다. 상대방이 이해 못 한다 해도 여러분은 자기 자신에게 최선의 결정을 내린 것이니 너무 자책하지 않아도 된다.

- **단호하게 말한다.** "지금은 맡을 수 없습니다." 하고 단호하게 말해 설득이나 협상의 여지를 주지 말아야 한다. 그러지 않으면 상대방은 여러분이 승낙할 때까지 계속 물고 늘어질 것이다.

- **"저도 그러고 싶어요."** 가끔은 나도 솔직하게 이렇게 말한다. "좋은 생각이군요. 저도 맡고 싶습니다. 그런데, 지금은 시간이 안 나는데 어떡하죠." 이렇게 대답하면 상대방이 부탁하는 일이 가치 있는 일임을 인정함과 동시에 나에게 그 일을 맡을 여유

가 없음을 분명히 전달할 수 있다.

- 미안해할 필요는 없다. '이 일에 당신이 꼭 필요하다.'고 상대방이
아무리 끈질기게 설득해도, 거절하면서 미안해할 필요는 없
다. 그 사람은 결국 다른 사람을 찾을 것이다. 한 사람이 거절
했다고 완전히 망하는 일은 없다. 그렇게 중요한 일이라면 그
일을 맡을 사람을 결국에는 찾아내고야 말 테니까. 그러니 친
한 사람이 간곡히 부탁하는 일을 거절했다고 해서 죄책감을
느낄 필요는 없다. 여러분이 안 맡으면 다른 사람이 맡아서 할
것이다.

진짜 좋아하는 일을 위해 시간 내기

직장에서 너무 큰 부담을 주는 책임을 줄여야 하는 이유는 자신
이 정말 좋아하는 일을 할 개인적인 시간을 낼 수 있기 때문이다.

하고 싶은 일을 다 하면서 살려면 어떻게 해야 할까? 일에 쫓기
지 않고 스트레스 없이 즐거운 인생을 살려면 어떻게 해야 할까? 답
은 아주 간단하다. 그러나 노력 없이는 절대 실행할 수 없다.

- 하고 싶은 일들의 목록을 작성한다. 진정으로 좋아하는 일, 시간을
쏟아 부어도 아깝지 않을 일들이어야 한다. 가능하면 네다섯
개로 줄인다. 이것이 '간추린 목록'이 된다.

- 목록에 포함되지 않은 나머지 일들을 최대한 많이 사생활에서 제거한다.
- 간추린 목록에 있는 일들을 집어넣어 여가 시간의 스케줄을 짠다.

정말 간단하지 않은가. 내가 이제부터 가족과 더 많은 시간을 보내야겠다고 결심했을 때, 가족과 함께하는 시간을 최우선 순위로 삼는 것으로 모든 문제가 해결되었다. 나는 여러 가지 사교 모임 초대를 거절했고, 친구들이 놀자고 해도 안 나갔고, 전에 맡았던 일들 몇 개도 취소해버렸다. 그 일들보다 가족과 시간을 보내는 것이 더 중요했기 때문이다. 마라톤 대회에 나가기로 결심했을 때는 매일 새벽에 일어나 한 차례 달리기를 한 다음 아이들 학교 보낼 준비를 하고 나도 출근할 준비를 해야 했다. 일어나는 시간을 앞당기기 위해 자는 시간을 앞당겨야 했고, 일찍 잠자리에 들기 위해 TV 보는 시간을 줄여야 했다. 하지만 문제될 건 없었다. 달리기가 TV 보기보다 중요했으니까. 나는 망설임 없이 케이블 채널 서비스를 끊어버렸다.

이 책을 쓰려고 결심했을 때도 당장 다른 프로젝트 몇 개를 취소했다. 책을 쓰는 일이 더 중요했기 때문이다. 그렇게 해서 시간을 냈고, 그 시간을 글쓰기에 재투자했다. 여러분도 덜 중요한 일들을 제거해 진짜 하고 싶은 일을 할 시간을 내면 얼마든지 자신이 원하는 삶을 살 수 있다. '간추린 목록'에만 책임을 다하면 된다.

인생에서 책임을 덜어내는 데 도움이 되는 것들

삶을 간소화하는 것은 위에 설명한 세 단계처럼 간단하다. 그래도 몇 가지 더 도움이 될 만한 내용을 덧붙인다. 주말에 시간을 내 다음의 이슈들을 자신의 삶에 대입해보고, 앞으로 삶을 어떤 식으로 단순화할지 계획을 세워 스케줄에 변화를 주어보라.

- **나에게 중요한 것이 무엇인가.** 먼저 자기 인생에서 한 걸음 물러나 자신에게 정말로 중요한 것이 뭔지 따져보자. 정말 하고 싶은 것이 무엇인가? 누구와 시간을 보내고 싶은가? 커리어에서 어떤 업적을 이루고 싶은가? 좋아하는 일을 4~5가지 뽑아 '간추린 목록'을 만들어보자.
- **현재 맡고 있는 책임 목록을 재검토하라.** 가장 큰 문제는 할 일이 너무 많다는 것이다. 그렇게 많은 일을 다 하는 것도 어려우며, 다 하려고 하면 그 일들을 즐길 수도 없다. 모든 일을 다 할 수는 없다는 사실을 먼저 인정하고, 자신이 정말 중요한 일만 하기를 원한다는 것도 인정하자. 그런 다음 중요하지 않은 책임을 하나씩 제거해나가면 된다.
- **하루에 하는 일을 줄이라.** 하루를 할 일로 꽉 채우는 것은 금물이다. 그러면 하루 종일 서두르기만 하다 끝난다. 평소에 하루 일곱 개 내지 열 개의 일을 한다면(물론 다 하지 못하겠지만), 이제는 중요한 일 세 가지만 해보라(이 세 가지를 다 끝내면 작은 일 세 가지

를 더해도 좋다). 이렇게 하면 꼭 해야 하는 일을 할 시간을 확보할 수 있으며, 하루 종일 숨 가쁘게 서두르지 않아도 된다.

- **한 일정과 다음 일정 사이를 적당히 비워두라.** 사람들이 가장 흔히 저지르는 실수 중 하나가 바로 숨 돌릴 틈도 없이 스케줄을 빡빡하게 짜는 것이다. 그러면 어떤 일이 계획보다 오래 걸릴 때 (거의 항상 그렇다) 스케줄 조정의 여지가 없으며, 하루 종일 시간에 쫓기는 기분이 들어 스트레스를 더 받는다. 대신 일이나 약속 사이사이를 적당히 비워두라. 그러면 한 가지 일에 더 편히 집중할 수 있고, 한 가지 일에서 다른 일로 전환할 시간적 여유도 생긴다.

- **해야 할 일 리스트를 최대한 간소화한다.** 해야 할 일 리스트에 있는 항목들을 전부 다 할 수는 없다. 그 일을 다 한다 해도 계속해서 새로운 일이 추가된다. 그러니 리스트를 최대한 간소화하여 아주 핵심적인 일들만 남겨놓는 것이 상책이다. 그럼 중요한 일을 할 때 덜 서두르고 더 집중할 수 있다.

- **이제 속도를 늦추고 각각의 일을 즐긴다.** 이번 장에서 가장 중요한 부분이다. 눈 크게 뜨고 두 번 정독할 것을 권한다. 여러분이 회사 일을 하고 있든, 샤워를 하고 있든, 이를 닦든, 요리를 하든, 운전을 하고 있든, 무엇을 하든 속도를 늦춰라. 속도를 늦추고 하는 일을 즐겨라. 멍하니 딴생각을 하지 말고 지금 하고 있는 일에 주의를 집중하라. 그 순간을 즐겨라. 쉬운 일은 아

니다. 그 사실을 우리는 자주 잊어버린다. 그럴 때는 실제로 고통이 따르는 일이 아니라면 제대로 신경을 쏟아서 즐기지 못할 일은 없다는 것을 기억하자.

- **싱글태스킹.** 나에게 이것은 일종의 주문이 되어버렸다. 한 번에 한 가지 일만 하고, 그 일을 제대로 하라.
- **스트레스를 제거하라.** 자신의 인생에서 스트레스 요인을 찾아내고, 그것을 제거할 길을 찾으라.
- **혼자만의 시간.** 속도를 늦추고 지금 하는 일을 즐기는 것, 그리고 무슨 일이든 적게 하는 것 못지않게 중요한 것이 바로 혼자만의 시간을 갖는 것이다.
- **아무것도 안 하기.** 모든 것을 잊고 아무 일도 안 하는 날도 있어야 한다. 가끔은 죄책감 없이 게으름을 즐겨보라.
- **하루 일과 중 틈틈이 자기만의 소소한 즐거움을 심어보자.** 자신의 소소한 즐거움을 파악하고, 매일 틈틈이 그 일을 끼워 넣으면 삶이 그만큼 즐거워진다.
- **현재를 사는 연습.** 현재를 사는 연습은 하루 중 어느 때고 할 수 있다. 과거나 미래가 아니라 지금 현재 하는 일에 집중하면 된다.
- **시간 내기.** 삶을 단순화한다는 것은 주로 원하는 것을 할 시간을 만든다는 뜻이다. 불행하게도 삶을 단순화하는 방법을 생각할 시간조차 제대로 내기 힘든 사람이 많다. 만약 여러분도 그런 사람 중 하나라면 하루에 단 30분이라도 시간을 내서

삶을 간소화할 방법을 궁리해보라. 아니면 주말 하루를 통째로 비워 궁리해도 좋다. 하루 30분을 어떻게 내느냐? 몇 가지 아이디어가 있다. 일찍 일어나기, TV 조금 덜 보기, 책상에서 짧고 간단하게 점심 해결하기, 점심시간에 산책하면서 궁리하기, 인터넷 끊기, 하루에 이메일 한 번만 확인하기, 전화기 다 꺼놓기, 매일 한 가지씩 덜하기 등이다.

14

단순한 일과

지난 몇 년 동안 나는 일상생활, 특히 아침과 저녁 일과를 단순하게 유지하는 것이 큰 도움이 된다는 것을 발견했다. 안정된 일과는 하루에 활력을 주는 한편 마음을 차분하게 가라앉히는 구심점도 되어준다.

나는 여러분이 이쯤에서 자신의 아침과 저녁 일과를 되돌아볼 것을 강력히 권한다. 아침과 저녁은 하루를 결정짓는 가장 중요한 시간이다. 아침과 저녁에 무얼 하느냐에 따라 인생이 변하기도 한다.

이 장(章)을 안 읽고 건너뛰어도 이 책에서 얻을 것은 여전히 많겠지만, 그래도 한 번쯤 자신의 하루 일과를 살펴보면 생각지도 못했던 도움을 얻을 수 있다.

안정된 아침 일과의 힘

내 인생의 변화 중 가장 보람찬 것은 아침 일과 한 가지를 제대로 습관화한 것이다. 남들보다 훨씬 일찍, 새벽 4시 반에 일어나 고요함과 고독을 즐기는 습관을 들인 것이다.

그 작은 변화로 얼마나 많은 것이 달라졌는지 모른다.

아침마다 나는 커피 한 잔을 마시며 고요함을 즐긴다. 조깅도 하는데, 조깅은 스트레스를 날려버리고 조용히 명상을 하는 기회가 된다. 또한 가족들이 일어나기 전의 조용한 시간은 글을 쓰기에 더 없이 완벽한 시간이다. 책읽기에도 좋다. 좋은 소설 한 권은 인생의 동반자 못지않으니까.

물론 아침형 인간이 아닌 사람도 많다. 그렇다고 해서 위와 같은 일상의 효과를 누릴 수 없는 것은 아니다. 누구든 자신의 생활에 맞게 일과를 조정해 고요함과 고독, 스트레스 완화의 시간을 가질 수 있다.

아직 그러지 못했다면 이제라도 마음을 차분하게 하는 아침 일과를 마련해보기 바란다. 1~2주 동안 시험 삼아 매일 반복하면서 습관을 들이면 나중에는 하루라도 그 일과를 놓치기 싫어질 것이다.

아침 시간을 잘만 활용하면 다음과 같은 일을 할 수 있다.

- 하루를 준비하고 목표를 세울 수 있다.
- 평소 시간이 없어 하지 못했던 운동이나 책읽기, 글쓰기 등을 할 수가 있다.
- 즐거운 일이나 마음을 가라앉히는 일, 마음을 편안하게 해주는 일들을 할 수 있다.

이밖에도 할 수 있는 일들은 얼마든지 있지만, 지금 예로 든 세 가지만 가지고도 인생을 극적으로 변화시킬 수 있다.

아침 일과로 삼으면 좋은 것들

다음의 예에서 4~6가지를 선택하라. 아니면 자신이 생각해낸 아이디어를 추가해도 좋다. 아래 목록은 여러분의 이해를 돕기 위한 예에 불과하다. 중요한 것은 일과를 단순하게 유지하는 것이다. 여섯 가지가 넘으면 항상 서두르게 되거나 아니면 시간이 없어서 그것들을 다 하지도 못한다. 새로운 일과를 며칠 시간을 두고 시험해보고 필요에 따라 적절히 조절하라. 어쩌면 원하는 대로 흘러가지 않거나 생각했던 것보다 시간이 더 걸릴 수도 있다. 그래도 괜찮다. 적당히 조절하면 될 일이다.

다음은 아침 일과로 삼으면 도움이 될 것들을 예로 든 것이다.

- 커피나 차 마시기
- 일출 감상하기
- 운동
- 샤워와 목욕
- 독서
- 아침 식사
- 요가
- 명상
- 공원에 나가 산책하기
- 식사 준비
- 글쓰기
- 일기쓰기
- 그날의 '가장 중요한 과제' 세 가지 정하기
- 목표 재검토하기
- 감사하는 시간 갖기(자신에게 주어진 모든 것들에 감사하기)

'이메일 확인'을 비롯하여 일과 관련된 항목이 한 개도 없다는 것을 눈치 챘는가? 그런 일들은 아침 일과가 다 끝난 다음에 시작하는 것이 바람직하다. 안 그러면 시간 가는 줄 모르고 이메일만 확인하다가 다른 일은 하나도 못하게 될 것이다.

내일을 위한 에너지를 공급해주는 저녁 일과

아침 일과의 힘을 실컷 찬양했지만, 저녁 일과가 주는 힘도 만만치 않게 크다. 저녁에 마음을 차분히 가라앉혀주는 시간을 마련하고, 특히 그 시간을 다음날 아침을 준비하는 데 잘 활용한다면 아침 일과에 큰 변화를 줄 수가 있다.

저녁 일과는 무엇을 목표로 하느냐에 따라 짧게는 십 분 내지 삼십 분, 길게는 몇 시간도 걸릴 수 있다. 보통은 다음과 같은 것을 목표로 삼는다.

- 내일에 대한 준비
- 하루 동안 쌓인 긴장 풀기
- 하루 돌아보기
- 집안 청소하기
- 잠자리 들기 전 마음 비우기
- 가족과 함께 시간 보내기
- 블로그에 글 올리기, 일기쓰기, 글쓰기, 또는 운동하기

저녁 일과로 삼으면 좋은 것들

다음 중 저녁 일과로 정착시키고 싶은 것을 네 개에서 여섯 개 골라보라. 자신이 생각해낸 아이디어를 추가해도 된다. 여기서도 역시

일과를 단순하게 유지하는 것이 가장 중요하다. 며칠 테스트해보고 필요에 따라 조절하라.

저녁 일과로 삼으면 좋은 것으로 다음과 같은 것들이 있다.

- 요리하기
- 저녁식사 하기
- 샤워나 목욕
- 양치질, 치실 사용
- 일기쓰기
- 글쓰기
- 독서
- 운동
- 내일 입을 옷이나 식사준비
- 명상
- 일지 기록하기
- 하루 돌아보기
- 각질제거와 얼굴 마사지, 팩
- 아이들에게 책 읽어주기
- 청소
- 배우자와 대화하기

여기에도 일과 관련된 항목은 단 하나도 없다. 저녁 시간은 스트레스를 해소하고 가능하면 다음날 할 일을 준비하는 시간으로 활용하는 것이 가장 좋다.

새로운 일과를 어떻게 습관화할 것인가

단순한 일과를 도입하는 것은 얼핏 아주 쉬운 일로 보인다. 그러나 다시 예전으로 돌아가기도 그만큼 쉽다. 중요한 것은 습관을 들이고, 그 습관을 유지하는 것이다.

새로운 일과를 정착시키는 단계는 다음과 같다.

1. **집중한다.** 새 일과를 습관으로 정착시키는 것을 그 달의 최고 목표로 삼고 그것에만 집중한다. 여러 가지 습관을 한꺼번에 들이려고 하면 정신이 산만해져 아무것도 제대로 하지 못한다.

2. **보상을 즐긴다.** 마음을 가라앉혀주는 일과 한 가지를 성공적으로 습관화했다면 그 일과 자체가 노력에 대한 보상이 된다. 출근길에 서두르는 대신 하루를 제대로 시작하게 해주는 자신이 즐기면서 할 수 있는 일과 한 가지를 새로 시작해보라. 저녁에는 조용히 내일을 준비하고 하루를 돌아보면서 자기만의 시간을 가져라. 이러한 일과들은 깊은 만족감을 주면서 그 자체로 보상이 된

다. 이것이 습관이 되면 나중에는 하루라도 거르기 싫어진다.

3. 진행경과를 기록한다. 매일 온라인 포럼에 경과를 보고하는 것도 한 방법이다. 그러나 꼭 컴퓨터가 아니라 일기장에 기록해도 좋고 달력에 매일 크게 X표시를 해도 좋다. 중요한 것은 진행상황을 기록하면서 한 달 동안 자신이 얼마나 잘 해왔나 확인하는 것이다.

15

작업공간에 잡동사니 없애기

책상 위가 깨끗하면 일에 집중하기가 한결 수월하다. 무슨 일을 하던지 효율을 높이는 비결은 바로 집중이다.

앞서 우리는 모든 종류의 문서를 한 곳에 모아 관리하는 시스템을 살펴보았다. 그런데 이미 책상 위에 문서가 가득 쌓여있다면 어떻게 할까? 문서뿐 아니라 온갖 장식품, 포스트잇 메모지, 사진, 기념품, 문구류 따위가 잔뜩 널려있다면? 이렇게 산만한 책상을 어떻게 정리해야 할까? 도대체 어디서부터 시작해야 할까?

이번 장에서는 일하는 공간(주로 책상)의 잡동사니를 어떻게 치울지 살펴보기로 하자. 그런 다음 똑같은 방법을 이용해 다른 공간, 이를 테면 집안 전체의 잡동사니를 없애는 단계로 늘어가겠다.

책상이 깨끗하면 뭐가 좋을까

잡동사니 없이 깨끗한 책상이 뭐가 그리 좋을까? 내 경험에 의하
면, 책상이 깔끔하고 깨끗하면 두 가지 큰 이점이 있다.

1. 일에 집중할 수 있다. 지금까지 집중의 중요성, 책상과 마음을 깨
끗이 비워 현재 하는 일에 집중하는 것의 중요성을 몇 번이나 반
복해서 강조해왔다. 집중이 안 된다는 것은 그만큼 능률이 떨어
지고 있다는 뜻이다. 능률이 떨어진다는 것은 소중한 시간을 낭
비하고 있다는 뜻이다. 책상에 잡동사니가 많다는 것은 시각적
으로 정신을 산만하게 하는 요소가 많다는 것이다. 일을 하다가
옆을 흘끔 쳐다봤는데 서류더미나 파일, 다른 할 일을 적어놓은
메모지 따위가 눈에 들어오면 단 몇 초만이라도 정신이 흐트러
진다. 반대로 책상 위를 깨끗이 치워두면 지금 하고 있는 일에 집
중할 수밖에 없다.

2. 고요한 절의 앞마당을 보는 것 같은 효과가 있다. 나는 책상이 깨끗하
면 마음이 차분해진다. 시야에 잡동사니가 많이 들어오면 자신
이 미처 깨닫지 못하는 사이에 은근히 스트레스를 받는다. 반대

로 책상 위나 책상 주변의 잡동사니를 깨끗이 치우는 순간 스트레스 지수도 뚝 떨어진다.

차분한 마음과 집중이 이 책의 두 가지 핵심어인 만큼 그 두 가지를 향상시킬 수 있는 것이라면 뭐든 노력해볼 가치가 있다고 나는 믿는다. 한번 해봤는데 정갈한 환경에서 일하는 것이 자신에게 안 맞는다면 언제든지 지저분한 책상으로 돌아갈 수 있으니 걱정하지 않아도 된다.

어떻게 시작할까

대부분의 사람들에게는 시작하는 것이 가장 어렵다. 책상 위나 서랍 속이 문서며 온갖 잡동사니로 가득 차 있으면 너무 스트레스를 받아서 일이든 정리든 시작조차 하기 싫어진다.

그러나 일단 시작만 하면 그리 힘든 일이 아니라는 것을 깨달을 것이다. 어떤 사람은 재미를 느낄 수도 있다(적어도 나는 그랬다). 뭐든 처음이 힘들지 일단 시작하기만 하면 나머지는 쉽다는 것을 잊지 말자.

첫걸음을 떼는 데 도움이 될 방법 몇 가지를 소개한다.

1. 시간을 따로 낸다. 하루를 완전히 할애할 필요는 없다(원한다면 그래도 되지만). 시간이 한 시간밖에 안 난다면 한 시간도 좋고, 너무 바빠서 하루 삼십 분만 가능하다면 그것으로 충분하다. 오늘 스케

줄 표에 적어 넣고 절대 미루지 말라.

2. 책상에 있는 문서란 문서는 다 모아 상자 하나에 다 집어넣는다. 나중에 처리할 테니 잠시 잊도록 하자.

3. 컴퓨터와 전화기, 미결서류함과 필수 문구류만 제외하고 나머지를 전부 책상에서 치운다. 지금 당장은 다른 곳으로 치워 둔다. 문서 상자 옆에 놔두라.

4. 문서 더미부터 처리하기 시작한다. 상자에서 한 뭉치 집어 한 장씩 확인 작업에 들어간다. 절대로 본 것을 또 보지 말고, 종이 한 장도 빼놓지 말고, 종이 한 장도 도로 상자에 집어넣지 말라. 다 처리했으면 새로 한 뭉치 집어 반복한다. 여기서 처리란 버리기와 남한테 넘기기, 서류철에 끼워 보관하기, 필요한 행동 취하기, 나중에 처리할 목록에 넣기, 다섯 가지 중 하나를 말한다. 앞에 말한 것일수록 좋은 것이다. 버리거나 남한테 넘기거나 서류철해서 보관할 수 없을 경우에만 나중에 처리할 일 목록에 올린다.

5. 이 작업을 할 수 있는 한 오래 하고, 나머지는 다음에 또 시간을 내 처리한다. 가능하면 한 번에 모두 처리할 수 있으면 더 좋다.

필수품 추려내기

책상 위에 있던 문서와 잡동사니들을 전부 치웠으면 이제 필수적인 물건들을 추려낼 차례다. 무엇이 필수품인가? 일하는 데 꼭 필요한 것이 무엇인가? 자주 쓰는 물건은 무엇이며 쓸데없이 책상 위와 서랍 속 공간만 차지하는 물건은 무엇인가?

책상 위부터 시작해보자. 책상에 반드시 놓아둬야만 하는 물건이 무엇인가? 가장 바람직한 상황은 책상이 일만을 위한 공간이 되는 것인데, 이 경우 필수품은 나중에 쓸 물건이 아니라 당장 하고 있는 일에 꼭 필요한 물건을 말한다. 대부분의 경우 진짜 필수품은 컴퓨터와 전화기, 미결서류함(들어오는 문서만을 모으는 용도) 정도이며, 나처럼 나중에 할 일을 메모해두는 것을 좋아하는 사람에게는 작은 수첩과 펜도 반드시 있어야 한다. 이것들 외에는 당장 일하면서 사용할 문서나 폴더만 책상 위에 있으면 된다. 문서들을 다 썼으면 즉시 폴더에 끼워 다시 서랍에 넣는다.

필수품만 남겨놓고 작업 공간을 간소화하는 다른 유용한 방법들을 더 소개한다.

- 책상 위나 책상 주변에 서류철이나 문서 더미가 쌓여있다면, 앞서 '어떻게 시작할까' 단락에서 소개한 방법에 따라 문서를 처리한다. '나중에 할 일' 목록에 넣거나 필요한 행동을 취한 뒤 눈앞에서 치워버리라는 뜻이다.

- 지저분한 장식품이나 포스터, 사진 따위를 다 치워버린다. 가족들 사진 한 두 개쯤은 괜찮지만, 장식품이 너무 많으면 정신이 산란해진다.

- 선반이나 서랍 한 개를 완전히 비운다. 선반이고 서랍이고 한 개만 집중적으로 비운다. 꺼낸 물건들 더미를 처리하고(다음 항목 참고) 꼭 두고 싶은 물건만 도로 집어넣는다. 다음 선반 혹은 서랍도 같은 방식으로 정리한다.

- 하나씩 처리하되 결정은 신속하게 내릴수록 좋다. 옆에 쓰레기통과 기부 물품을 모을 상자를 준비해 놓는다. 서랍이나 선반 하나를 비워 물건을 쏟아 놓은 다음 그 더미에서 물건을 하나씩 처리하기 시작한다. 물건 하나를 집어 들면 순간적으로 결정을 내린다. '쓰레기니까 버린다.' 아니면 '그냥 둔다.' 둘 중 하나다. 절대로 도로 쌓아놓지 않는다. 이런 식으로 쏟아놓은 더미가 사라질 때까지 계속한다. 물건을 들었다가 도로 내려놓고 나중에 또 보고 하면 영원히 정리가 안 끝난다. 꼭 둬야 할 것만 남겨두고 깔끔하게 보관하라.

- 종이 때문에 골치가 아프다? 중요한 것이 아니라면 사정없이 처분한다. 잡지와 카탈로그, 광고지, 일 년 전의 카드 명세서, 자기가 끼적거린 메모, 남이 전달한 메모, 옛 직장 서류 등등…. 전부 다 버려라! 단 버려서는 안 될 것이 있는데, 세금 관련 문서와 품질 보증서, 출생증명서, 사망확인서, 결혼증명서, 보험증서, 유언장이다. 이밖에도 중요한 문서는 내가 말하지 않아도 여러분이 보

면 알 것이다. 이런 중요 문서가 아니라면 주저 없이 버린다.

- 결정할 수 없는 물건이 많으면 '나중에 처리할 물건' 상자를 만든다. 나중에 필요할지 몰라서 차마 버릴 수 없는 물건이 있으면 따로 상자에 넣고 상자에 라벨을 붙인 뒤 다른 곳(창고나 다락, 벽장)에 보관한다. 안 보이는 곳에 넣어두는 것이 좋다. 아마 그 상자는 평생 가야 한 번도 안 열게 될 것이다. 그런 경우를 대비해 6개월이나 1년 뒤에 확인해서 한 번도 열지 않았으면 상자 채 버리거나 기부한다.

자, 이제 정리를 다 끝낸 것을 자축하자! 사소한 것이라도 한 가지 일을 끝냈으면 반드시 축하하는 시간을 갖자. 고작 서랍 한 개를 정리했다 해도 상관없다. 달콤한 케이크 한 조각을 자신에게 선물로 준다든가, 아니면 그 서랍(혹은 벽장)을 열고 시원하게 텅 빈 모습을 감상하는 것도 좋다. 크게 심호흡을 하고 뿌듯함을 느껴보라. 순간의 평화를 만끽하라.

깔끔한 상태를 유지하는 시스템

작업 공간의 잡동사니를 최소한도로 줄여 '집중도 최고'의 공간을 만들어냈다면, 남은 문제는 그것을 유지하는 것이다. 옛 습관으로 돌아간다면 책상은 얼마 안가 다시 난장판이 될 것이다(그렇게 되는 데는 고작 며칠밖에 걸리지 않는다).

이를 염두에 두고, 쉽고 단순한 시스템을 고안하고 또 몇 가지 핵심적인 습관을 몸에 익혀 그 시스템을 유지하도록 하자. 나는 다음과 같은 방법을 제안한다.

1. 새로 들어오는 문서를 위해 미결서류함 하나를 마련해둔다. 절대로 책상 위에 그냥 두지 말고, 메모든 전화 메시지든 반드시 미결서류함에 집어넣는다.

2. 하루 한 번 미결서류함을 비운다. '필수품 추려내기'에서 설명한 시스템을 이용해 문서를 버리거나 남에게 전송하거나 서류철해서 보관하고, 아니면 나중에 처리하기 위해 메모를 해둔다. 중요한 것은 미결서류함을 비우는 것이다.

3. 물건이든 문서든 정해진 자리에만 놓는다. 책상 위에 척척 쌓아놓거나 아무 서랍에나 넣지 않는다. 물건이든 서류든 다 썼으면 즉시 정해진 자리에 넣는다.

일주일 동안 세 가지 습관(미결서류함에 모으기, 미결서류함 비우기, 다 썼으면 제자리에 놓기)을 완전히 익히는 데만 초점을 맞추라. 이 세 가지만 지키면 몇 달이고 책상을 깨끗하게 유지할 수 있다. 그러나 습관을 바꾸는 데에는 시간이 걸린다. 가끔은 옛날로 돌아갈 수도 있다. 그 럴 때는 스스로에게 가볍게 상기시켜준 후 새로 익힌 습관대로 하면 된다. 얼마 안 가 새로운 습관이 몸에 완전히 밸 것이다. 그리고 한번 깨끗한 책상에 익숙해지면 다시는 지저분한 책상으로 돌아가고 싶지 않을 것이다.

내게 가장 큰 마음의 평화와 안정을 주는 것 하나는 깨끗하고 깔끔한 집이다. 아침에 일어나 거실로 나왔을 때 너저분한 물건이 하나도 없는 미니멀리스트 스타일의 거실이 나를 반기면, 그 날은 즐겁고 차분한 마음으로 하루를 시작할 수 있다. 반대로 아침에 침실에서 나왔는데 아이들 장난감이며 책 따위가 여기저기 널려 있으면, 내 마음도 덩달아 혼란스러워진다.

나는 벌써 몇 년째 삶을 간소화하고 잡동사니를 없애자고 주장해왔다. 그리고 잡동사니 없이 깨끗하고 간소한 공간이 사람의 정신과 생산성, 행복감에 지대한 영향을 미친다는 것도 알고 있다. 그래서 여기서 잠시, 방 한 칸이든 집안 전체든 잡동사니로 가득 찬 혼돈의 공간에서 살고 있는 이들을 위해 잡동사니를 정복하고 집안을 최대한 간소하게 유지하는 법을 알아보기로 하자.

깔끔한 집안

책상을 깨끗이 정리했으면 이제 집도 깨끗이 정리하고 싶을 것이다. 주거 공간을 정리하는 것은 작업 공간을 정리하는 것과 크게 다를 바 없다. 집안이 깨끗하면 좋은 점으로는 다음과 같은 것들이 있다.

1. **스트레스를 덜 받는다.** 잡동사니는 집중력을 흐리는 시각장해물이다. 시야에 들어오는 것은 어떤 물건이든 우리의 집중을 흐트러트릴 수 있다. 잡동사니가 적을수록 시각적 스트레스도 덜 받는다는 뜻이다. 시각적으로 단순한 집은 마음을 차분히 가라앉혀준다.

2. **보기에 더 좋다.** 복잡하게 장식물로 꽉 차있는 집과 실내가 단순한 집을 떠올려보라. 아름다운 가구와 예술품 몇 점, 눈에 확 띄는 장식품 몇 개가 전부인 단순한 집이 더 큰 시각적 만족감을 준다. 집안의 물건을 없앨수록 보기에 더 좋은 집이 되는 것이다.

3. **청소하기 더 쉽다.** 잡동사니가 많으면 청소하기가 힘들고, 가구도 많을수록 걸레질 하거나 청소기 돌리기가 힘들어진다. 물건이 많으면 닦아야 할 물건도 많다는 뜻이고, 그러면 집안 청소도 까다로워진다. 잡동사니가 수십 개 있는 방에 비해 텅 빈 방은 청소하기가 얼마나 쉬울지 상상해보라. 너무 극단적인 비교라는 것은 나도 안다. 방에 아무것도 들여놓지 말라고 할 수는 없으니까. 그냥 비교를 위한 예일 뿐이다.

집안의 잡동사니를 없애려면, 위의 작업 공간 정리하는 법을 그대로 적용하면 된다. 대신 한 번에 방 하나만 해결하고, 또 방 하나를 치울 때도 한 번에 서랍 하나 혹은 책장 한 칸씩 정리한다. 서랍이든 선반이든 내용물을 전부 쏟아놓고, 한번 쏟은 물건들은 지체 없이 처리하며, 꼭 필요한 물건만 보관한다. 나머지는 전부 내다버린다. 그런 다음 한 곳을 지정해 꼭 필요한 물건은 거기에만 보관한다.

매일 잠깐씩 짬을 내 잡동사니 없애는 시간으로 써보자. 10분에서 20분도 괜찮다. 그 시간에 작은 공간 하나의 잡동사니를 깨끗하게 비운다. 아니면 주말을 통째로 비워 그 날 집안 전체를 정리해도 좋다.

집안을 깔끔하게 유지하는 방법

집안의 잡동사니를 획기적으로 줄였으면, 이제는 잡동사니를 더 이상 들여놓지 않는 것이 관건이다. 여러분의 집에 서류 더미가 쌓여있고 장난감이며 책이며 옷가지가 여기저기 널려있다면 거기에는 다 이유가 있다. 물건을 제자리에 놓는 시스템, 필요 없는 물건을 곧바로 없애는 시스템이 마련되어 있지 않기 때문이다. 물론 누구도 항상 집안을 완벽하게 유지할 순 없다. 하지만 자신의 집이 왜 점점 지저분해지는지 이성적으로 곰곰이 생각해보면, 집이 지저분해지지 않게 막을 수 있는 길도 생각해낼 수 있을 것이다.

여기, 다시 잡동사니가 쌓이는 것을 막는 방법이 몇 가지 있다.

- 모든 물건에 자리를 지정하고, 지정한 위치를 철저하게 지킨다. 물건이 아무데나 굴러다닌다거나 옷이 의자 등받이에 아무렇게나 걸쳐있는 것은 그것들을 두는 자리가 정해져 있지 않기 때문이다. 그런 물건을 발견하면 즉시 자리를 지정한다. 집안에 어떤 물건을 둘 자리가 안 정해져있다면 그 물건은 없애버리는 것이 좋다. 안 그러면 늘 아무데나 굴러다닐 것이다. 아니면 물건의 자리를 지정해두긴 했는데 그 물건을 제자리에 놓는 버릇이 안 들어서 그럴 수도 있다. 그럴 경우 한 달쯤 시간을 두고 물건을 즉시 제자리에 갖다 놓는 버릇을 들여 보라. 한 달 후 큰 변화가 눈에 띌 것이다.

- 규칙적으로 잡동사니 없애기 행사를 가져보자. 달력에 표시해두면 도움이 된다. 아무리 안 어지르는 사람도 때때로 한 번씩 뒤집어 엎고 정리를 해줄 필요가 있다. 최근에 집을 한번 정리했다면 지금 당장은 유지가 되겠지만, 그래도 장기적이고 지속적인 관리가 필요하다. 한 달에 한 번이나 일주일에 한 번, 아니면 몇 달에 한 번으로 간격을 잡아 달력에 표시를 해두자. 한번 시험해 보고 주기를 어느 정도로 잡는 게 자신에게 맞는지 결정한다.

- 물건을 더 들이고픈 욕구를 억제하라. 자신이 감당할 수 없는 속도로 온갖 물건을 집안에 들이고 있다면 자신의 쇼핑 습관에 문제가 있는지 살펴봐야 한다. 일주일에 한 번씩(혹은 그보다 자주) 옷이나 전자제품, 구두, 책 등을 사러 가는가? 항상 온라인으

로 물건을 구매하는가? 만일 그렇다면 정말 필요해서 사는 것인가? 아니면 구매 행위 자체가 좋아서 사는 것인가? 자신의 욕구를 돌아보고 문제를 직시하는 것은 굉장히 중요하다. 구매 욕구를 줄이면 잡동사니를 처치할 필요도 현저히 줄어든다.

- **30일 목록.** 바로 위에 언급한 구매 욕구를 통제할 좋은 방법이다. 목록을 만들어보라. 뭔가를 사고 싶은 충동이 들 때마다 (필수품이 아닌 물건은 전부 해당한다) 날짜와 제품명을 적는다. 그리고 30일이 지날 때까지 그 물건을 사지 않는다. 그때쯤이면 그 물건을 사고픈 욕구는 사라질지도 모른다. 충동구매를 억제하는 아주 좋은 방법이다.

- **습관을 바꾼다.** 잡동사니는 저절로 우리 집에 굴러들어오는 게 아니다. 우리가 그것을 가지고 들어온 것이다. 나는 어떤 습관이 있기에 물건 수가 자꾸 늘어나는 걸까? 여러 가지가 있을 수 있다. 몇 가지는 이미 위에서 언급되었다. 충동구매 습관이라든가 물건의 자리를 정해두지 않는 습관, 물건을 제자리에 돌려놓지 않는 습관, 물건을 사기만 하고 버리지는 못하는 습관 등등…. 이것들 말고도 많다. 이런 습관들을 한 번에 하나씩 고쳐 나가도록 하자. 30일 기한을 잡고 잡동사니를 만드는 습관을 집중적으로 고쳐보자. 더불어 잡동사니를 없애는 습관도 새로이 들여 보자.

16

천천히 하기

오늘날 우리는 불과 2백 년 전만 해도 꿈도 못 꿨을 엄청난 속도로 정보와 음식, 미디어 등을 소비하고 있다. 하루 스케줄의 마지막 1분까지 할 일로 꽉 채워져 있기에 우리는 아침도 거르면서 출근하고, 온종일 헐레벌떡 뛰어다니며, 긴 하루가 끝나면 지쳐서 침대 위로 쓰러진다.

문제는 인간은 이렇게 살도록 만들어지지 않았다는 것이다. 우리의 몸과 정신은 천천히 굴러가는 삶에 알맞도록 설계되어 있다. 어쩌면 포악한 짐승에게 잠시 쫓기는 정도의 스트레스는 감당할 수 있을지 모른다. 그러나 지속적인 과로가 주는 엄청난 스트레스, 깨어있는 시간 내내 숨 가쁘게 달려야 하는 페이스는 아무도 감당할 수 없다. 그 결과 우리는 피곤에 절어 항상 지쳐있고 항상 비참하다. 바꿔 말하면, 페이스를 늦출 수만 있다면 우리도 행복해질 수 있다는 얘기다. 더불어 효율성과 생산성도 높일 수 있다.

적은 시간 안에 더 많이 하는 법을 배우라는 게 아니다. 정작 배워야 할 것은 어떤 일이든 제대로 하는 것, 그리고 정말로 해야 할 일을 하는 것, 이 두 가지다. 이 단순한 조합이 일의 효율이나 결과에 미치는 영향은 우리의 상상을 초월한다. 그건 차치하더라도 페이스를 늦추기만 해도 인생에서 무엇을 성취하건 우리의 삶은 훨씬 풍요로워질 것이다.

집중의 전환을 천천히

집중력은 우리가 가진 가장 쓸모 있는 자산 중 하나다. 우리가 무엇에 신경을 집중시키느냐에 따라 우리의 삶이 결정된다. 집중만 하면 무엇이든 해낼 수 있다.

불행하게도 지금처럼 숨 돌릴 틈도 없이 돌아가는 바쁜 세상에서는 한 가지 일에 집중하기가 거의 불가능하다. 항상 A에서 B로, 그리고 다시 A로 주의를 전환해야 하고, 그러다 갑자기 C라는 프로젝트로 신경을 돌려야 할 때도 있다. 그 결과 A, B, C 중 아무 일도 제대로 해내지 못하고 만다.

이제는 A에서 B로 집중을 전환할 때 그렇게 서둘러 하지 말고 조금 천천히, 느긋하게 해보자. 그러면 전보다 일을 더 제대로 할 수 있을 것이다. 그리고 전에는 놓쳤던 부분도 슬슬 눈에 들어오기 시작할 것이다. 스트레스가 줄어드는 것은 말할 것도 없다.

도움이 될 만한 노하우를 소개한다.

- **시작은 쉬운 것부터.** 간단한 작업 하나를 골라 그 일에만 신경을 집중시키는 연습을 해보자. 밥 먹기나 정원 손질하기, 설거지, 다림질, 요리하기 등등 어떤 것이든 좋다. 신경이 분산되는 것을 느낄 때마다 의식적으로 되돌린다. 자신의 신경이 어디에 쏠리는지 더 의식하게 된 다음에는 신경이 분산되려고 할 때마다 억제하는 법을 익힌다.

- **하루 종일 이 훈련을 한다.** 샤워를 할 때는 샤워에만 집중하고, 밥을 먹을 때는 밥 먹는 것에만 집중한다(자세한 얘기는 아래 항목 참고). 집중이 흐트러질 때마다 정신 차리고 다시 하던 일로 되돌아간다.

- **조용히 아침 훈련을 하고 싶다면 간단한 명상 테크닉을 시도해보라**(만트라를 외운다거나 하는 것은 생략한다). 아침 이른 시간에 편안한 곳에 앉아 눈을 지그시 감는다(잠들면 안 된다!). 자신의 호흡에 신경을 집중한다. 딴생각이 들거든, 그러한 사실을 자각하고 떠오른 생각을 확인한 뒤 다시 호흡으로 주의를 돌린다. 가슴과 배를

채우는 숨을 느끼고, 다시 몸을 빠져나가는 숨을 느낀다. 최대한 오래 호흡에만 집중한다. 오랜 훈련이 필요한 테크닉이지만 하다보면 점차 나아질 것이다.

천천히 일하기

같은 맥락에서, 느긋한 페이스로 일하면 (믿을 수 없겠지만) 생산성이 향상된다. 중요한 작업과 프로젝트에만 집중하고 그 집중을 유지할 수만 있다면 느긋하게 일해도 더 알찬 결실을 맺을 수 있다.

반대로 하루 12시간 미친 듯이 일하면서 최대한 여러 개의 작업 과제를 건드리면 오히려 결과물은 하찮을 수가 있다. 이것은 가설이 아니며, 실제로 많은 이들이 이런 식으로 일을 하고 있다. 그들은 무서운 속도로 일을 해치우면서 왜 결과물이 시원찮은지, 어째서 자신은 발전이 없는지 의아해한다. 최대한 빠른 속도로 일하고, 항상 멀티태스킹을 하며, 그 과정에서 스트레스를 엄청 받는다. 이것은 결코 효과적인 방식이라고 할 수 없다.

대신 다음의 방법을 시도해보라.

1. 자신이 좋아하는 일을 택한다. 어떤 일이 하기 싫으면 그 일에 몰두하기도 어렵다. 현재의 직업이 자신이 싫어하는 작업들로만 이루어져 있다면 직업을 바꾸는 것을 고려해보라. 아니면 현재의 직

업에서 자신이 즐길 수 있는 프로젝트를 찾아 하는 것도 좋다. 어느 쪽이든 자신이 열정을 쏟을 수 있는 작업을 택하는 것이 중요하다.

2. 가치 있는 일을 선택한다. 좋아는 하지만 너무 쉽고 별로 중요하지도 않은 일이 있는 반면, 좋아하면서 동시에 장기적으로 자신의 인생이나 커리어에 큰 영향을 줄 수 있는 일이 있다. 후자를 택하는 것이 소중한 시간을 가치 있게 쓰는 길이다.

3. 도전이 되면서 너무 어렵지는 않은 일을 택한다. 어떤 작업이 너무 쉬우면 머리를 굴리거나 별다른 노력을 들이지 않고도 그 일을 해낼 수 있다. 일을 고르려면 적어도 완전한 집중을 요할 정도로 어려운 일이어야 한다. 반면 너무 어려우면 또 몰입하기가 힘들다. 그 일을 어떻게 할지 파악하는 데 온 신경을 집중해야 하기 때문이다. 아니면 너무 어려워서 의욕을 잃거나, 둘 중 하나다. 적당한 난이도의 일을 찾기까지는 몇 번의 시행착오를 거쳐야 한다.

4. 조용하면서 자신의 에너지가 최고조에 이르는 시간을 알아낸다. 이것은 사실 두 가지 단계를 하나로 묶은 것이다. 먼저 조용한 시간대를 찾아야 한다. 안 그러면 하루 종일 단 한 시간도 제대로 집중할 수가 없다. 내 경우 집안이 활기를 띠기 전인 '이른 아침'이 가

장 조용한 시간이다. 어떤 사람에게는 잠에서 막 깨어난 새벽이 가장 집중하기 좋고, 또 어떤 사람에게는 회사에서 동료들이 커피 잔을 들고 책상 앞에 앉기 전인 이른 오전이 가장 좋을 수도 있다. 아니면 사람들이 밥을 먹기 위해 사무실을 다 빠져나간 점심시간을 노려보라. 또 저녁에 일이 제일 잘 되는 사람도 많다. 그런가 하면 조용한 장소만 찾아내면 하루 중 언제 어느 때고 일에 집중할 수 있는 복 받은 사람도 있다. 어느 시간대를 고르건 그 시간은 자신의 에너지 레벨이 최고조에 이르는 시간이어야 한다. 어떤 사람은 점심만 먹고 나면 기운이 쭉 빠진다. 그렇다면 점심 이후는 당연히 그 사람에게 좋은 시간이 아니다. 중요한 것은 힘이 넘치면서 집중도 잘 되는 시간대를 찾아야 한다는 것이다.

5. 정신 산만하게 하는 것들을 없애고 일에만 집중한다. 조용한 시간과 장소를 찾는 것 못지않게 집중에 방해가 되는 것들을 전부 제거하는 것도 중요하다. 음악을 끄고(음악이 집중에 도움이 된다면 놔둬도 괜찮지만), 전화기도 다 꺼버리고, 이메일이나 인스턴트 메시지 알람도 꺼놓고, 그 외에 팝업 창이나 벨소리도 모두 꺼놓는다. 그런 다음 일에 최대한 오래 집중해보라.

6. 즐긴다. 어떤 일에 푹 빠져드는 것은 참으로 놀라운 경험이다. 내 시간을 몽땅 바쳐도 아깝지 않은 일에 열정을 쏟아 붓는 것,

중대한 프로젝트나 작업을 제대로 해내는 것, 또 자신이 정말 좋아하는 일에 몰두하는 것만큼 큰 만족감을 주는 일도 없다. 이러한 경험을 한다는 것은 큰 행운이다. 그 기분을 만끽하라.

7. 계속 연습한다. 이것도 연습이 필요하다. 주변이 조용하고 자신의 에너지가 최고조에 이르는 시간대를 찾는 일에서부터 집중에 방해가 되는 요소를 전부 제거하는 것, 적절한 일을 선택하는 것까지, 모든 단계가 연습이 필요하다. 특히 한 가지 일에 오래 집중하는 연습은 필수적이다. 그러나 실패한다고 너무 자책할 필요는 없다. 실패에서 배우면 된다. 성공할 때도 '이번에 내가 뭘 제대로 했나?' 분석하면서 배우면 된다. 연습을 하면 할수록 점점 발전할 것이다.

8. 보상을 최대한 즐긴다. 몰입의 즐거움은 둘째 치고, 일의 결과만 놓고 봐도 충분히 만족감을 얻을 수 있다. 중요한 프로젝트를 완성할 때 만족감을 느낄 수 있고, 이것저것 시작했다 멈추기를 반복하는 대신 집중해서 더 많은 작업을 끝마쳤을 때도 만족감을 얻을 수 있다. 이 모든 것이 합쳐져 큰 보상이 된다. 이 점을 이해하고 보상을 최대한 누리자. 그리고 느긋하게 일하면서 집중하는 연습을 계속하자.

천천히 먹기

많은 사람들이 헐레벌떡 서두르며 하루를 보낸다. 그래서 그런지 뭘 먹을 때도 그냥 먹는 게 아니라 허겁지겁 먹기 바쁘다. 그러면 스트레스만 더 받고 건강마저 해친다.

여기 단순하지만 아주 효과적인 해결책이 있다. '천천히 먹는 것'이다. '천천히 먹기'만 실천하면 망가진 라이프스타일을 회복시킬 수 있다. 천천히 먹는 것이 어려우면 얼마나 어렵겠는가? 더 작게 조각내 먹고, 한 입을 씹어도 더 오래 씹고, 식사를 더 오래 즐기기만 하면 되는데 말이다. 끼니마다 몇 분밖에 더 안 걸리고, 효과는 엄청나게 크다. 천천히 먹어야 하는 이유를 몇 가지 들어보면 다음과 같다.

1. **체중 감량 효과.** 천천히 먹는 것만으로 섭취하는 칼로리를 줄일 수 있다는 연구 결과가 점점 많이 발표되고 있다. 더 구체적으로 말하면, 운동도 안 하고 식단도 그대로 유지하면서 천천히 먹는 것만으로 1년에 9킬로그램 정도를 감량할 수 있다고 한다. 그 이유는 배가 부르다는 것이 뇌에 전달되기까지 약 20분이 걸리기 때문이다. 빨리 먹으면 배가 불러도 모르고 계속 먹게 된다. 천천히 먹으면 배가 부르다는 것을 감지하고 제때 숟가락을 놓을 수 있다. 물론 몸에 좋은 음식을 잘 골라 먹는 것도 중요하다. 특히, 체중 감량을 목표로 하고 있는 사람에게는 천천히 먹는 것이 목표 달성에 아주 큰 도움이 될 것이다.

2. 음식 즐기기. 이것도 만만치 않게 강력한 효과가 있다. 음식을 너무 빨리 삼키면 맛을 음미할 수 없다. 솔직히 나는 혀를 즐겁게 하는 고열량 음식도 적은 양을 천천히 먹기만 한다면 문제될 것 없다고 생각한다. 생각해보라. 우리는 가끔 고열량 음식(케이크나 튀긴 음식, 피자 등등)을 참을 수 없을 정도로 원한다. 맛이 있으니까. 그런데 그것을 씹지도 않고 허겁지겁 삼킨다면 무슨 소용인가? 대신 천천히 씹어 삼키면 혀는 즐거우면서 뱃속으로 들어가는 양은 빨리 먹을 때보다 적다. 적어도 내가 볼 때는 그렇다. 이런 계산 따위는 하지 않더라도 나는 우리가 맛있는 음식을 먹으면서 그것을 제대로 즐길 때 훨씬 행복하다고 믿는다. 그리고 그렇게 되는 방법은 음식을 천천히 먹는 것이다. 식사를 의무처럼 스트레스 받아가며 급하게 먹지 말고, 혀를 즐겁게 하는 시간으로 만들어보자.

3. 소화가 더 잘된다. 천천히 먹으면 음식을 더 많이 씹게 되고 더 많이 씹으면 소화도 더 잘된다. 사실 소화 과정은 입에서부터 시작된다. 입에서 일을 많이 해두면 위에서 일을 덜 해도 되는 것이다. 그러면 소화 관련 문제들도 덩달아 줄어든다.

4. 스트레스 감소. 천천히 먹으면서 먹는 행위에 집중하는 것은 좋은 마음 챙김 훈련도 된다. 다음에 해야 할 일을 신경 쓰느라 허

겁지겁 식사를 하지 말고 먹는 순간에 집중해보자. 먹을 때는 먹기만 하는 것이 가장 좋다. 이런 식의 마음 챙김 훈련은 일상에서 스트레스를 덜어주고 장기적으로 만족감을 얻게 해주는 효과가 있다. 한번 시도해보라.

5. 패스트푸드와 패스트 라이프에 반기를 들자. 정신없이 빠르게 돌아가고 스트레스도 많은 오늘날의 생활 행태가 패스트푸드만 찾는 취향과 급하게 먹는 식습관을 부른다. 이러한 라이프스타일이 우리에게서 인간성을 박탈하면서 우리의 건강도 함께 빼앗았고, 우리로 하여금 스트레스로 점철된 비참한 삶을 살게 만들고 있다. 우리는 하루 종일 멍한 상태로 이 일 저 일 급하게 처리하면서 다른 사람들과 대화를 나누거나 삶을 즐길 여유도 없이 기계처럼 살아간다. 내가 보기엔 이런 삶은 결코 제대로 된 삶이 아니다. 이제는 이러한 생활 행태와 철학에 반기를 들자. 천천히 먹기라는 아주 간단한 행위로 시작하면 된다. 패스트푸드를 피하라. 좋은 식당에서 먹으라. 가능하면 직접 음식을 만들고 그 음식을 제대로 음미해보라. 그러다 보면 삶도 음미할 수 있을 것이다.

천천히 운전하기

나는 요즘 예전보다 천천히 운전한다. 전에는 나도 주위 사람들배려 안 하고 가속페달을 꽉꽉 밟아대는 무모한 운전자였는데(내 아내가 산 증인이다), 특히 주변의 굼벵이 운전자들이 앞에서 알짱거리거나 내 앞으로 끼어들면 분통을 터뜨리곤 했다. 그때는 운전이 너무나 큰 스트레스였다.

이제는 아니다. 요즘은 침착하고 평온하게 운전하고 있으며 운전을 즐기기까지 한다.

나는 주위의 다른 운전자들을 보면서 '꼭 저렇게 서둘러서 가야 할까?', '저렇게 해서 목적지까지 가면 더 이상 안 서두를까?' 하는 생각을 한다. 그렇게 해서 줄이는 약간의 시간이 기름을 낭비하고 자기 혈압 올리고 또 주위 사람들의 생명까지 위협할 만큼 큰 가치가 있을까 하는 생각이 든다. 그 외에 다른 잡다한 생각도 많이 한다(운전하는 시간이 사색의 시간이 되어버렸다). 나는 여러분에게 천천히 운전할 것을 권한다. 여러 가지 이유가 있지만, 가장 큰 이유는 천천히 운전하기 시작하면서 내가 더 행복해졌다는 것이다. 아주 단순한 변화인데도 그 효과는 말도 못하게 크다.

운전을 천천히 해야 할 이유로 다음과 같은 것들이 있다.

1. 기름 절약. 기름을 아끼는 가장 좋은 방법은(차를 안 몰거나 연비가 좋은 차를 모는 것 외에) 불필요한 엔진 공회전을 피하고, 급가속과 급감속을 하지 않으며, 운전을 천천히 하는 것이다. 불필요한 과속으로 기름을 낭비하는 것을 피할 수 있다.

2. 사고 줄이기. 과속 운전은 (운전자를 포함하여) 사람의 생명을 앗아갈 수 있다. 여기 두 가지 통계자료가 있다. 첫째, 12세에서 16세 사이 청소년의 사망원인 중 1위는 교통사고다. 둘째, 시속 60킬로미터로 달릴 때 사망사고의 확률이 시속 50킬로미터로 달릴 때의 무려 두 배에 달한다는 것이다. 과속을 하다가 전방에 사람을 발견했을 때 반응할 수 있는 시간은 굉장히 짧다. 그런데 이 몇 초 차이로 생사가 갈린다. 자기 자신과 다른 사람들의 안전을 위해 지금부터라도 천천히 운전하도록 하자. 조깅하는 사람이나 자전거를 타는 사람 근처, 그리고 학교 주변과 아이들이 많은 동네에서는 특히 서행해야 한다.

3. 시간을 절약한다? 빨리 달리면 시간을 절약하는 줄 알겠지만 천만의 말씀이다. 게다가 몇 분 절약이 된다 해도 엮여 있는 다른 문제들을 생각하면 그 몇 분은 절약할 가치가 없는 것이다. 차라리 몇 분 일찍 출발하면 늦게 출발해서 과속한 사람과 같은 시간에 목적지에 도착할 수 있다. 게다가 과속한 사람보다 스트레스도 덜 받는다.

4. 자신의 정신 건강을 위해. 위에 언급한 세 가지도 중요하지만, 나에게 가장 큰 변화는 운전할 때 받는 스트레스가 확 줄었다는 점이었다. 무모하게 가속페달을 밟아대던 예전과는 정반대로 지금은

운전 자체가 마음을 가라앉혀주고 즐거움을 주는 일이 되었다. 이제는 운전하면서 짜증도 안 낸다. 다른 운전자가 서행을 하든 추월을 하든 전혀 상관하지 않기 때문이다.

5. 삶을 단순화하기. 이것은 4번 항목과 관련이 있으며, 4번을 한 단계 확대한 것이라고 보면 된다. 천천히 운전하면 스트레스가 줄어들 뿐 아니라 다른 복잡한 문제들도 없어진다. 사고를 내거나 과속 딱지를 떼이는 등의 골치 아픈 일을 겪지 않아도 되고 기름이 자주 떨어져 수시로 주유를 해야 하는 일도 없다. 또 하루 종일 서두르는 습관에도 제동을 걸어준다. 왜 인생을 급하게 살아야 하는가? 속도를 늦추고 인생을 즐겨보자. 항상 어딘가를 향해 서둘러 달려간다면 경치는 언제 즐기겠는가? 인생은 여정이다. 그 여정을 즐거운 것으로 만드는 것은 우리의 몫이다.

다음은 나에게 효과가 있었던 '천천히 차 몰기' 비결인데, 여러분에게도 도움이 될까 해서 덧붙인다.

- **부드러운 음악을 튼다.** 마음을 차분하게 해주는 곡이라면 뭐든 다 좋다.
- **다른 운전자들은 의식하지 않는다.** 나에게는 이것이 문제였다. 다른 운전자들을 너무 의식해서 스트레스를 심하게 받았던 것

이다. 다른 운전자들을 약 올리기 위해 더 과속해서 달린 적도 있다(끔찍한 짓이라는 것을 나도 안다). 이제는 다른 운전자가 얄미운 짓을 해도 무시하고 천천히 달린다.

- **일찍 출발한다.** 지각해서 과속하는 일이 잦다면 일찍 일어나 일찍 출발하는 습관을 들이면 된다. 지각 걱정이 사라질 뿐 아니라 운전을 즐길 수 있다.
- **명상의 기회로 삼는다.** 나는 운전하는 시간을 조용히 사색하는 시간으로 이용한다. 글쓰기 아이디어도 많이 떠오르고 그날 하루를 돌아보거나 오늘 하루를 어떻게 살지 궁리도 한다. 내 인생에 대해서, 그리고 인생에서 내가 가고자 하는 방향에 대해서도 생각해본다.
- **우측으로 붙는다.** 여러분이 평소에 천천히 달리는 사람이라면 습관적인 과속 운전자들로부터 멀리 떨어져 우측 차선을 이용하는 것이 현명한 선택이다. 나는 천천히 달린다고 짜증을 내는 운전자들을 그냥 무시하는 편이지만(이제는 별로 신경이 안 쓰인다), 그래도 운전 매너는 지키는 게 좋다고 생각한다.
- **운전을 즐긴다.** 가장 좋은 방법은 운전을 즐겁게 만드는 것이다. 음악을 틀어도 좋고, 조용한 사색의 시간을 가져도 좋고, 어떻게든 자기만의 방법으로 즐기면 된다. 결과만큼 여정도 중요하다는 것을 잊지 말자.

17

건강을 지키고 몸매를 가꾸는 간단한 비결

운동으로 건강해지고 탄탄해져서 좋은 점은 일일이 나열 못할 정도로 많지만 그 중에서도 가장 좋은 점은 힘이 솟고 생산성이 향상된다는 것이다. 한 시간 운동해서 땀을 흘리고 나면 하루 종일 힘이 나고 자기도 모르게 의욕이 솟아 일도 더 잘 된다. 그런데 몸매를 가꾸고 건강해지기를 원하는 사람은 많은 반면 거기에 이르는 과정이 너무 힘들어 많은 이들이 중도에 포기하거나 아니면 애초에 시도조차 하지 않는다.

늘씬하고 건강해지는 방법은 여러분도 아시다시피 아주 간단하다. 몸에 좋은 음식을 먹고 규칙적으로 운동하는 것이다. 누구나 알고 있는 두 가지 법칙이지만, 이를 복잡한 일상에서 실제로 행하는 것은 전혀 다른 얘기다.

사실 아직 비결을 깨닫지 못한 사람들에게나 어렵게 느껴질 뿐이다. 알고 보면 전혀 어려울 것 없다. 이번 장에서는 우리가 운동을 시작할 때 겪는 어려움을 대략적으로 짚어본 다음, 간단한 계획과 그 계획을 지속적으로 실행할 수 있는 방법을 살펴보기로 하자. 더불어 운동과 뗄 수 없는 건강한 식습관에 대해서도 알아보도록 하자.

건강한 몸 유지하기의 어려움

건강한 식생활을 시작하는 것이 어려운 이유와 많은 이들이 1,2주도 못 가 실패하는 이유부터 살펴보자. 이유를 알면 간단한 해결책을 찾을 수 있을 것이다. 가장 흔한 이유로 다음과 같은 것들이 있다.

- 식단을 너무 엄격하게 통제한다. 엄격한 식단은 오래 유지하기 힘들다.
- 쫄쫄 굶다가 어느 순간 그 동안 참은 것을 폭발시키듯 마구 먹는다.
- 자신은 건강하게 먹고 있다고 생각하지만 실제로는 소다수 같은 달콤한 음료나 기름진 드레싱, 토핑 따위를 통해 숨어있는 빈 칼로리(empty calorie, 영양분은 없고 칼로리만 높은 것 – 옮긴이)를 섭취하고 있는 경우가 많다.
- 정크 푸드와 패스트푸드의 유혹이 너무 강하다. 특히 출장 혹은 여행 중

이거나 일, 숙제 등으로 한창 바쁠 때 유혹을 물리치기 어렵다.

- 직장 회식이나 가족 모임, 친구들과 어울리는 자리, 기념일 만찬 등의 사회적 요구가 건강하게 먹으려는 노력을 종종 방해한다.

이 다섯 가지만으로도 건강한 다이어트를 망치기에 충분하다. 이러한 장애물들을 극복하려면 두 달 이상 지속할 수 있는 제대로 된 계획을 세워야 한다.

또한 운동을 계속하는 것도 건강한 식습관을 유지하는 것만큼이나 어렵다. 바람직한 운동 프로그램은 그러한 어려움을 극복할 수 있도록 현명하게 짠 프로그램이다. 우리가 운동을 지속적으로 하지 못하는 이유로는 다음과 같은 것들이 있다.

- 처음부터 너무 어려운 운동을 시작하거나 아니면 분수에 맞지 않게 너무 빨리 난이도를 높여나간다. 그러다가 얼마 안 가 지치거나 부상을 당한다.
- 고작 1~2주 지났는데 눈에 보이는 결과가 없다고 실망하고 그만둬버린다.
- 예기치 못한 일이 생겨 며칠 운동을 쉬다가 그대로 운동을 그만둬버린다.

자, 지금까지 파악한 것을 토대로 간단한 몸만들기 계획을 세워보자.

간단한 몸만들기 계획

우리에게 필요한 것은 시행하기 어렵지 않은 계획, 그리고 무엇보다도 몇 년이고 지속적으로 실행할 수 있는 계획이다. 몇 주 만에 극적인 효과를 내는 운동은 사절이다. 그런 것은 필요도 없다. 사실 몇 주 만에 살이 쫙 빠지는 운동은 좋은 운동이 아니다. 몸에 너무 무리가 가고 오랫동안 유지하기도 힘들기 때문이다. 아마 얼마 못 가 그만둘 테고, 체중은 빠질 때만큼 무서운 속도로 다시 불어날 것이다.

진짜 건강한 몸은 몇 개월, 몇 년에 걸쳐 만들어진다. 조금씩, 천천히 생긴 변화가 오래 지속되는 법이다. 그렇게 만든 건강한 몸은 죽을 때까지 유지되기도 한다. 따라서 우리가 도입해야 할 것은 천천히 단계적으로 실행할 수 있는 계획, 반짝 효과만 주는 단기 운동보다 훨씬 오랫동안 지속될 수 있는 계획이다.

흔히 체중 감량은 식습관 조절이 80퍼센트를 좌우한다고 하는데, 어느 정도는 맞는 말이다. 왜냐하면 운동 없이 식단 조절만으로는 체중 감량이 가능한데 운동은 하지만 식단이 나쁘면 체중 감량이 잘 안 되기 때문이다. 그러나 우리는 두 가지 근거로 이 속설을 뒤집으려고 한다. 첫째, 우리는 단순히 체중 감량을 하려는 것이 아니라 우선 건강하고 탄탄한 몸매를 가꾸려는 것이며, 그러기 위해서는 운동과 식단 조절 둘 다 필요하다. 둘째, 일단 운동을 시작하면 식단 조절은 저절로 따라오게 되어있다. 운동을 하면 건강하게 먹고 싶은 욕구가 따라오게 마련이다. 그러니 여기서는 '운동'부터 먼저 살펴보기로 하자.

간단한 몸 가꾸기 계획은 이렇게 이루어진다.

- 처음 한 달 동안은 운동 습관을 붙이는 데만 집중한다. 이 시점에서는 식단 조절에 신경 쓰지 말되, 건강하게 먹어야겠다는 생각이 들면 건강식을 시작해도 좋다. 그러나 여기서 목표는 운동 습관을 붙이는 것이다. 양치질만큼 중요하게 여기고 습관화하도록 만들어야 한다. 처음부터 무리하지 말고 작은 것부터 시작하면서 우선 습관 붙이기에 초점을 맞추도록 하자.
- 두 번째 달은 운동을 계속하면서 조금씩 천천히 식단에 변화를 주기 시작한다.
- 이후로 매달 단기 목표를 설정하여 운동과 식단 모두 점진적으로 향상시킨다. 결과에 따라 매달 자신에게 상을 주고, 주변 사람들에게도 책임을 다하는 모습을 보인다.

1단계: 운동 습관 붙이기

운동 습관 붙이기라고 해서 다른 습관 들일 때와 크게 다를 것은 없다. 그저 꾸준히 해주면 된다. 스페인에는 이런 속담이 있다. '습관은 거미줄처럼 시작되어 밧줄처럼 단단해진다.' 우리도 가느다

란 거미줄로 시작해 밧줄처럼 단단해질 때까지 계속하면 된다. 단 심장이나 폐 질환이 있거나 중병을 앓고 있거나 임신을 한 상태라면 운동을 시작하기 전에 먼저 의사와 상의하기 바란다. 운동 습관 붙이기 계획은 다음과 같다.

1. 가볍게 시작한다. 운동하는 습관이 붙을 때까지 최대한 쉬운 운동으로 시작한다. 나중에는 점점 강도를 높여도 되지만 처음에는 더 할 수 있어도 자제하는 것이 아주 중요하다. 첫 번째 주에는 5분 내지 10분간 빨리 걷기나 달리기, 사이클링, 수영 등의 유산소 운동을 한다. 10분 이상은 하지 않는다. 아마 더 하고 싶을 것이다. 그래도 하지 않는다. 두 번째 주에는 5분을 더 한다. 그렇게 1주일에 5분씩 늘려가며 한 달 동안 운동을 한다. 그러면 마지막 주에는 하루 20분에서 25분이 될 것이다. 부족하다고 느껴지겠지만 걱정할 것 없다. 일단 습관만 붙으면 시간과 강도를 늘려도 된다. 우선은 습관 붙이기에 집중한다.

2. 시간표에 운동 시간을 넣는다. 아주 중요한 단계다. 어떤 방해도 받지 않고 운동만 할 수 있는 시간을 알아낸다. 대개 아침이 가장 적당하다. 저녁 시간대로 잡으면 회식이나 다른 모임 때문에 취소될 확률이 높다. 그러나 어떤 사람들에게는 퇴근 직후가 가장 잘 맞고, 또 어떤 이들에게는 점심시간이 가장 적당하다. 각자 자

신에게 맞는 시간대를 택하여 시간표에 운동 시간을 집어넣는다. 첫째 주에는 세 번만 한다. 오가는 시간까지 합치면 실제 운동 시간보다 더 오래 걸리니 시간표에는 넉넉하게 30분으로 잡는다. 둘째 주와 셋째 주에는 네 번을 잡고, 넷째 주에는 다섯 번으로 늘린다. 이후로는 매주 다섯 번을 꼬박꼬박 지키도록 노력한다. 그 정도가 가장 이상적이다. 중요한 것은 운동 스케줄을 그 날의 가장 중요한 약속으로 취급하는 것이다. 다른 일 때문에 운동을 빼먹는 일이 없도록 하자.

3. 하루도 빼먹지 않는다. 운동을 건너뛰어도 되는 경우는 아프거나 다쳤을 때뿐이다. 그것 말고는 정당한 핑계가 없다. 처음에 아주 가볍게 시작하기 때문에 체력이 달려서 지치거나 하는 일은 없을 것이다. 하루 종일 일해서 몸이 너무 피곤하다 할지라도 드러눕지 말고 운동을 해보라. 하기를 잘했다는 생각이 들 것이다. 반대로 한 번씩 빼먹기 시작하면 금세 운동을 안 하는 습관이 도로 붙는다. 그래서 습관을 붙일 때는 일관성을 유지하는 것이 가장 중요하다. 앞에서도 말했지만 운동은 양치질과 같다. 자신의 건강을 위한 것이고, 한 번도 빼먹지 않고 규칙적으로 해야 하는 것이다.

4. 포기란 없다. 하루도 안 빼먹는 것보다 더 중요한 것은 계획대로 하는 것이다. 사정이 생겨 하루나 이틀 쉰다 해도 절대로 거기서

중단해선 안 된다. 계획표대로 이어서 하면 된다. 이틀 이상 쉬었을 경우 계획표 상에서 1~2주 되돌아가 다시 습관 붙이기에 초점을 맞춘다. 의욕을 잃고 운동을 멈췄다면 스스로 동기를 만들어 다시 시작한다. 실패해도 괜찮다. 다시 시작하면 된다. 그리고 오랫동안 습관을 유지하면 그것이 성공한 것이다.

5. 파트너가 있으면 도움이 된다. 필수사항은 아니지만, 믿을 만한 파트너가 있으면 운동이 더 쉬워진다. 그 이유는 첫째, 운동할 때 옆에 말을 주고받을 사람이 있으면 시간이 더 빨리 간다. 둘째, 만나서 같이 운동하기로 약속을 잡아 두면 핑계 대고 빠지는 대신 약속을 지킬 확률이 높다.

6. 주변 사람들에게 약속을 하고 그 말에 책임을 진다. 자신에게 동기를 부여하는 방법으로 이것만큼 좋은 것이 없다. 남들에게 불성실하게 보이고 싶은 사람은 없다. 운동을 계속하겠다고 공개적으로 약속하라. 친구들에게 해도 좋고, 블로그에 글을 올려 온 세상에 공표해도 좋다. 운동한 것과 먹은 것을 엄격하게 기록하고 누구나 볼 수 있게 한다. 최대한 많은 사람에게 보여주라. 숨어서 하지 말고 공개적으로 하라. 책임감이 채찍 역할을 해줄 것이다.

7. 즐긴다. 이것은 필수다. 즐기지 못하면 오래 할 수 없다. 그러니

운동에서 최대한 재미를 찾으라. 몸매를 만들고 건강해지는 것을 즐기자! 살이 빠지는 것을 즐기자! 땀을 즐기자! 스트레스가 날아가는 것을 즐기자! 운동은 고문이 아니라 즐거운 일이어야 한다.

여기까지가 운동 습관을 들이는 과정이다. 알고 보면 아주 간단하다. 운동할 시간을 만들고, 쉬운 것부터 시작하고, 운동을 빠지지 않고 계속하는 것, 이것이 전부다. 이 정도만 하면 곧 규칙적인 운동에 익숙해져서 다시는 가만히 앉아서 TV나 보는 생활로 돌아가고 싶지 않게 될 것이다.

2단계: 식단에 서서히 변화 주기

운동 습관 붙이기에 성공했으면 이제 식습관에 집중할 차례다. 이미 건강식을 하고 있다면 필요에 따라 조정을 하는 정도로 충분하다. 불량한 식생활을 해왔다면 너무 극적인 변화는 주지 않는 것이 좋다. 조금씩, 천천히 바꾸는 것이 더 안정적이고 효과적이다.

다음을 참고로 식생활에 변화를 줘보자.

1. 살짝 배고플 때 먹는다. 너무 배가 고파서 허기가 지기 전에 먹어야 한다. 그러려면 서너 시간마다 한 번씩 먹어줘야 하며, 배가 얼마나 고픈지 좀 더 의식적으로 파악해야 한다. 슬슬 배가 고파질

때 먹으라. '서너 시간을 단위로 식사 시간표 짜기', '배고픈 정도 의식하기', '출장이나 여행길에 먹을 가벼운 간식이나 도시락 싸기' 같은 구체적 실행 계획을 세워두면 도움이 된다. 이것이 첫째 주 계획이다. 첫 번째 주가 끝날 때까지 다음 단계에 대해서는 아예 생각하지 말자.

2. **가볍게 먹는다.** 몸이나 위에 부담스러운 음식을 피하되 그래도 일주일에 하루는 '먹고 싶은 것을 먹는 날'로 정한다. 평소에 과일과 야채, 정백하지 않은 곡물, 콩, 견과류를 많이 섭취한다. 가공식품보다는 신선식품이 훨씬 좋다. 구체적인 실천 계획은 다음과 같다. 유기농 자연식품을 재료로 하는 건강한 식사와 간식 리스트를 만든다. 자신이 좋아하면서 몸에도 좋은 음식을 고르면 된다. 그 목록을 가지고 식단 계획표를 짜는데, 최소한 며칠분의 식사와 간식을 미리 계획한다. 이것은 둘째 주에 실행할 텐데, 주의할 점은 식단을 하룻밤 새 바꾸지 말아야 한다는 것이다. 첫째 주에는 그냥 과일과 야채를 많이 먹는 데 신경 쓰거나 탄산음료를 비롯한 소다수를 끊는 정도를 목표로 한다. 그 다음 주에는 새로운 것 한 가지를 더 시도하는데, 간간이 먹던 정크 푸드를 끊는 것이나 몸에 좋은 음식을 직접 조리해서 먹는 것을 목표로 한다. 이렇게 서서히 변화를 주는데, 최종 목표는 정크 푸드나 패스트푸드를 거의 먹지 않고 주로 다음의 재료로 만든 건강 식단을

유지하는 것이다. 과일, 야채, 콩류, 견과류, 정백하지 않은 곡류, 저지방 유제품이나 두유제품, 지방함량이 적은 단백질 제품(저지방 육류, 닭고기, 생선, 두부, 기타 식물성 단백질 식품). 주의할 점은 자신이 즐길 수 있는 음식을 먹어야 한다는 것이다. 안 그러면 이 단계는 너무 어려운 단계가 될 것이다. 이것은 절대 간과하지 말아야 할 중요한 포인트다.

3. 천천히 먹는다. 음식의 맛과 향을 음미하라. 허겁지겁 먹는 것은 금물이다. 천천히 먹으면 과식을 피할 수 있고 음식을 더 즐길 수 있다. 셋째 주에는 위의 1, 2를 계속하면서 '천천히 먹기'에 집중해보자.

4. 배가 터질 듯 부르기 전, 살짝 불렀을 때 숟가락을 놓는다. 배가 너무 부르기 전에 숟가락을 놓고, 10분 정도 기다리면서 여전히 배가 고픈지 확인한다. 이것은 매우 결정적인 단계. 넷째 주에는 1~3을 계속하면서 주로 '배부르기 전에 숟가락 놓기'에 초점을 맞춘다.

무리한 다이어트 금지, 몇 가지 제한된 음식만 먹는 것은 금물, 좋은 재료로 만든 음식 먹기. 이것만 봐도 건강한 몸, 가벼운 몸을 만들고 유지하는 것을 염두에 둔 프로그램임을 알 수 있다. 한 번에 하나씩 시도하는 것을 잊지 말자!

3단계: 지속하기, 단기 목표 세우기 그리고 자기 말에 책임지기

운동과 건강한 식생활을 시작했으니 이제는 프로그램을 지속하고 운동과 식생활 모두 점진적으로 향상시키는 일이 남았다. 그러나 이 단계는 위험한 단계가 될 수도 있다. 많은 이들이 눈에 띄는 효과가 없다고 의욕을 잃기 때문이다. 의욕을 잃지 않고 장기적인 효과를 볼 때까지 프로그램을 지속하려면 다음의 방법들을 실행해보자.

1. 점진적으로 운동 강도를 높이고, 새로운 운동을 추가해 나간다. 운동 레벨을 올리되 천천히 올리는 것이 중요하다. 일단 운동하는 것에 익숙해지면 그 다음엔 운동 시간을 30분에서 40분으로 늘리고 또 지방을 더 많이 연소시키기 위해 더 강도 높은 운동을 하는 것이 일반적이다. 예를 들어, 그동안 천천히 오래 달리기를 해왔으면 이제는 짧게 빨리 달리다가 천천히 달리기를 반복하는 식으로 변화를 줘보라. 이 방법은 어떤 종류의 운동에도 적용시킬 수 있다. 강도를 높이면 몸이 칼로리를 더 많이 태우고 따라서 운동 효과도 더 높아진다. 그러나 낮은 강도의 운동을 할 때만큼 오래 할 수는 없으며, 모든 코스를 고강도로 해서도 안 된다. 대신 심폐지구력 운동과 병행하면 효과가 배가된다. 이밖에도 5킬로미터 이하의 단거리 경주에 나가는 것도 좋다. 동기부여도 되고 재미도 찾을 수 있다.

2. 건강식을 계속하면서 식단과 풍미를 다양화한다. 매주 하나씩 식단에 건강한 변화를 준다. 몸에 좋은 요리를 한 가지씩 시도한다. 직장에도 몸에 좋은 건강 간식을 싸간다. 점심 도시락도 건강식 위주로 준비한다. 아침식사도 물론 건강식으로 한다. 외식은 줄이고, 대신 직접 요리하는 횟수는 늘린다. 출장이나 소풍, 여행을 갈 때 건강식을 준비해간다. 물을 많이 마신다. 몸에 나쁜 음식은 서서히 끊는다. 이렇게 하나씩 몸에 나쁜 식습관을 건강한 식습관으로 대체해간다. 점진적으로 바꾸는 것이 단번에 바꾸는 것보다 훨씬 쉬우며, 지속될 확률도 높다. 변화를 주기 위해 간간이 새로운 요리나 새로운 과일, 야채, 간식을 시도해보고 자신에게 잘 맞으면 정규 식단에 포함시킨다. 새로운 재료와 요리를 계속 시도하는 것이 핵심이다.

3. 단기 목표를 세운다. 오래 지속되는 진정한 변화는 하루아침에 이루어지지 않는다. 몇 달, 몇 해에 걸쳐 천천히 이루어진다. 그런데 그렇게 오랫동안 의욕을 유지하는 일은 무척이나 어렵다. 매달 단기 목표를 한두 개씩 세워보자. 필요하다면 매주 세워도 된다. 단기 목표로 적당한 것을 예로 들어 보면 '이번 주에는 매일 운동 시간 5분씩 늘리기', '일주일에 0.5킬로그램 빼기', '허리둘레 1인치 빼기', '5킬로미터 달리기 완주', '이번 주 총 운동시간을 2시간 반으로 늘리기', '주말에 8킬로미터 달리기' 등이 있다. 이

밖에도 단기 목표로 삼을 만한 것은 얼마든지 있다. 1~2주마다 새로운 목표를 세워 스스로 동기를 부여하고 자신이 세운 단기 목표를 주변 사람들에게 알려라.

4. 약속에 책임을 진다. 먹은 것과 운동한 것을 매일 기록한다. 여기서 가장 중요하게 새겨야 할 습관이다. 운동한 것을 기록하면 자신이 얼마나 발전했는지 확인할 수 있으며, 의욕이 생겨 운동을 지속적으로 하게 된다. 운동을 하자마자 기록하는 습관을 들이자. 자기 전으로 미루지 말고 운동이 끝난 즉시 기록하라. 하루라도 예외는 없다. 복잡한 방식으로 기록하면 안 된다. 그러면 쓰기가 더 싫어진다. 그냥 날짜와 시간, 어떤 운동을 했는지만 기록하라. 또 한 가지는 그 날의 운동 기록을 블로그나 기타 온라인 사이트에 올려 다른 사람들이 볼 수 있게 하는 것이다. 사이트 주소를 최대한 많은 사람에게 알리고 수시로 방문해 격려의 한마디를 남겨달라고 부탁한다. 책임을 져야 한다는 생각이 운동을 계속할 동기가 되어줄 것이다.

5. 자신에게 상을 준다. 상은 초반에 자주 주면 효과가 크다. 자신에게 마음껏 상을 주라! 사탕이나 초콜릿도 훌륭한 보상이 된다. 운동 습관을 들이고 살을 빼는 것은 천천히 하면 된다. 초반에는 작은 성공도 그냥 넘기지 말고 상을 주라.

운동 습관을 붙여주는 30가지 동기

운동 의욕이 솟도록 자극을 주는 것들은 사실 수백 가지가 넘는다. 여기서는 그 중에서도 가장 효과가 좋은 30가지만 추려서 소개하려고 한다.

1. **운동 후의 기분.** 운동을 했을 때 느끼는 짜릿하고 상쾌한 기분은 말로 설명할 수 없다. 그 기분을 기억하고 다음에 운동할 때 상기시키면 도움이 된다.

2. **자기만의 시간.** 많은 이들이 다른 사람(자녀와 배우자, 다른 가족들, 동료나 직장 상사)을 위한 시간은 내도 자기 자신을 위한 시간은 좀처럼 내지 못한다. 이제는 '나만을 위한 시간'인 운동 시간을 최우선 순위에 놓고, 하루도 운동을 빼먹지 말자.

3. **칼로리 연소.** 칼로리를 계산해본 적이 있는 사람이라면(칼로리 계산은 가장 효과가 좋은 살빼기 방법이다) 운동을 많이 할수록 칼로리를 더 많이 연소시키고 따라서 살도 더 많이 뺄 수 있다는 것을 알 것이다.

4. **재미.** 운동은 재미가 있어야 한다. 지금 하는 운동이 재미가 없다면 종목을 바꿔보라. 몸을 움직이는 것이라면 뭐든 좋다.

5. **외모 변화.** 더 늘씬하고 더 탄탄한 자신의 모습을 상상해보라. 그 이미지를 머릿속에 심고 운동을 하러 나가라.

6. **잡지.** 운동 관련 잡지를 읽는 것도 큰 자극이 된다. 어떤 운동

에 대해 읽으면 그 운동을 하고 싶어지기 때문이다.

7. 잡지 표지모델. 그렇다. 그들도 실제로 보면 이상하게 생겼고 포토샵 처리 덕분에 그렇게 멋져 보일 뿐이다. 그걸 알면서도 늘씬하고 멋진 표지모델을 보면 왠지 운동을 더 열심히 하고 싶어진다.

8. 블로그. 운동을 시작했거나 살을 빼기 시작한 사람들의 블로그를 읽는 것은 은근히 재미있다. 그들이 겪은 어려움이나 성취를 간접적으로 경험할 수 있고 거기에서 도움을 얻을 수 있다.

9. 성공담. 다른 사람들의 성공담만큼 나를 자극하는 것도 없다. 운동 관련 사이트에 성공담이 실려 있거든 꼭 읽어보라.

10. 포럼. 젠 해비츠 포럼(http://zenhabits.net/forums/)의 '이 달의 도전'에 참여하거나 같은 목적을 가진 사람들이 모인 다른 포럼 또는 게시판에 가입하여 활동하라. 매일 방문하면 큰 도움이 된다.

11. 새 옷 입어보기. 스몰 사이즈의 옷을 입고 싶은가? 운동하라!

12. 매력적인 외모. 매력적으로 보이고 싶은 욕구는 항상 강력한 동기가 된다.

13. 아드레날린 분비. 운동을 하다보면 아드레날린 분비로 기분이 좋아질 때가 있다. 그 기세를 몰아 남은 코스를 끝까지 밀어붙인다.

14. 스트레스 해소. 긴 하루 동안 직장에서 받은 스트레스로 잔뜩 긴장해 있는가? 밖으로 나가 운동을 하며 스트레스를 날려버리라. 기분이 180도 달라질 것이다.

15. 사색의 시간. 조용한 운동 시간은 사색하기에 딱 좋다.

16. **운동 파트너.** 최고의 자극제 중 하나다.

17. **운동 강습.** 강습에 등록하여 (가능하면 친구랑 같이) 나가보라. 매일 참석해서 운동하도록 등을 떠밀어준다.

18. **운동 코치나 개인 트레이너.** 그들이 강력한 동기를 불어넣어 준다는 것만으로도 돈을 지불할 가치가 충분히 있다.

19. **기록하기, 그래프 그리기.** 기록하는 것은 대단히 중요하다. 일주일만 해봐도 얼마나 효과가 있는지 알 수 있다.

20. **'비포 앤드 애프터' 사진.** 얼마나 많이 변했는지 맨눈으로는 눈치채기 힘들다. 사진을 찍어두자.

21. **5킬로미터 달리기 경주 또는 철인3종경기.** 일단 참가신청을 한다. 그럼 강력한 훈련 동기가 된다.

22. **운동을 안 했을 때의 불편한 기분.** 나는 운동을 빼먹었을 때의 그 기분이 참 싫다. 그래서 그 기분을 떠올리며 꼬박꼬박 운동을 하러 가곤 한다.

23. **손자 볼 때까지 오래 살겠다는 의지.** 그 손자들하고 같이 놀아주겠다는 의지도 함께 한다.

24. **체중계.** 체중은 매일 조금씩 왔다 갔다 하기 때문에 매일 체중을 재는 것은 좋은 동기부여 방법이 아니다. 대신 일주일에 한 번씩만 재면 최소한 체중을 유지는 해야겠다는 생각에 운동을 열심히 하게 된다. 여기에 줄자도 동원하여 일주일에 한 번 허리둘레도 재보자.

25. **목표 달성의 기쁨.** 목표로 하는 체중이나 허리 치수, 일주일 운동 횟수, 일주일에 달리는 거리 등을 정한다. 목표를 세우고 그 목표를 향해 달리는 것은 실제 목표 달성에 좋은 동기가 된다. 달성하기 쉬운 목표를 잡는 것이 좋다.

26. **블로그에 목표 공개하기.** 사람들에게 체중을 몇 킬로그램 뺄 거라든가 운동을 매일 할 거라고 공개적으로 알리고 경과를 보고한다. 그럼 말해놓은 대로 하게 된다.

27. **동기부여 문구.** 자신의 마음에 와 닿는 동기부여 문구를 프린트해 책상 앞에 붙여둔다.

28. **책.** 이때까지 잘해온 것에 대한 보상으로 몸만들기나 요리에 관한 책을 산다. 새로운 자극이 된다.

29. **날씬해졌다는 칭찬.** 건강해지고 날씬해진 것을 누군가 알아보고 한 마디 해주면 그렇게 기분이 좋을 수가 없다. 운동을 더 하고 싶어진다.

30. **다음 번 동창회에 참석하는 상상, 올 여름에 비키니 입고 해변에서 선탠하는 상상.** 예쁘고 날씬해 보이고 싶은 것은 어쩔 수 없다.

18

동기부여

목표를 세우고 나서 가장 어려운 것은 오랫동안 지속될 동기를 찾는 것이다. 목표가 생산성 높이기든 일찍 일어나기든 습관 바꾸기든 운동하기든 아니면 그냥 행복해지기든 다 마찬가지다. 이번 장은 여러분이 목표를 달성하고, 또 이 책의 다른 부분에서 설명한 여러 가지 습관 붙이기에 성공하도록 도와주기 위한 장이다. 이 책에서 제시한 모든 법칙들을 하나로 모아 지탱해주는 쐐기라고 보면 될 것이다.

여러분이 하나의 목표를 오랫동안 좇을 수만 있으면, 그 목표를 이루는 것은 시간문제다. 필요한 것은 인내와 동기뿐이다.

그 중에서도 가장 중요한 열쇠는 '동기'다. 그러나 매일같이 그놈의 동기를 유지한다는 것이 결코 쉽지가 않다. 여기서부터는 여러분이 이 책을 통해 무엇을 성취하려 하든 그 목표를 추구할 동기를 찾을 수 있도록 가이드라인을 제시하려고 한다. 성공으로 가는 여정에서 때때로 동기를 잃고 방황하는 순간, 진심으로 포기하고 싶은 순간이 닥칠 것이다. 그런 순간이 닥쳐도 절대 포기해서는 안 된다. 무언가를 오랫동안 좇는 것이야말로 진정 가치 있는 일이기 때문이다.

동기는 어떻게 작용하는가

자세한 얘기로 들어가기 전에 먼저 동기란 무엇인가, 동기는 어떤 역할을 하고 어떻게 작용하는가를 알아보는 것이 좋겠다.

'동기'란 목표를 향해 움직이게 하는 원동력, 힘들 때 주저앉지 않고 계속 달릴 수 있게 해주는 힘을 뜻한다. 운동을 하려고 아침 일찍 일어나게 만드는 것, 프로젝트를 끝내기 위해 밤샘을 하게 만드는 것이 바로 동기다. 물론 동기도 긍정적인 것, 부정적인 것을 포함해 여러 종류가 있다. 직장 상사가 일 못하면 해고해버리겠다고 협박하는 것은 일종의 부정적 동기부여다. 그렇게 압력을 주면 보통은 더 열심히 일해서 프로젝트를 끝내고야 만다. 그러나 내 경험에 의하면 긍정적 동기부여가 더 훨씬 효과가 좋았다.

한 마디로 (가장 이상적인 형태로서의) 동기란 '어떤 일을 정말로 하고 싶어 하는 것'을 뜻한다. 예를 들자면, 누구나 가끔은 마냥 늦잠을 자고 싶을 때가 있다(늦잠을 자는 것이 무조건 나쁘다는 건 절대 아니다). 그런데 일찍 일어나고 싶은 이유, 즉 정말로 하고 싶은 일이 있을 때는 누가 시키지 않아도 벌떡 일어나 이불을 박차고 나오게 된다.

최고의 동기부여 방식은 스스로 어떤 일을 정말로 하고 싶어 하는 것이다. 생각만 해도 흥분되고 열정이 끓는다면 그것이 바로 최고의 동기인 것이다. 세상에는 다양한 형태의 동기부여 방식이 있지만(특히 부정적 동기부여가 많다), 이런 긍정적 형태의 동기부여가 가장 효과가 좋다는 것을 기억하자. 하기 싫은 일을 억지로 하도록 자극하는 데는 한계가 있다. 그러나 그 일을 정말로 좋아할 수만 있다면 적어도 목표를 이룰 때까지는 의욕을 유지할 수 있다.

초반에 스스로 동기를 불어넣는 8가지 방법

처음부터 제대로 된 동기를 찾는 것이 중요하다. 시작이 좋으면 그 기세로 오랫동안 의욕을 유지할 수 있기 때문이다. 시작이 좋으면 성공할 가능성도 커진다. 그럼 시작을 잘 하려면 어떻게 해야 할까? 다음을 참고하자.

1. 작게 시작한다. 앞에서도 이야기하고 여기서 또 반복하는데, 그 이유는 그만큼 작게 시작하는 것이 목표 달성에 결정적이기 때

문이다. 처음부터 거창한 목표를 세우지 말라! 우스울 정도로 쉬운 목표로 시작해 조금씩 키워 가는 것이 낫다.

2. 한 가지 목표. 많은 이들이 한 번에 여러 가지 목표를 세워놓고 한꺼번에 다 이루려고 한다. 그러면 기운도 의욕도 금방 떨어진다. 아마 사람들이 가장 흔히 저지르는 실수일 것이다. 대신 한 가지 목표를 정하고, 그것에 모든 것을 집중하는 편이 좋다.

3. 동기를 분석한다. 자신이 그 일을 하는 이유가 뭔지 잘 생각해보고 생각나는 대로 전부 종이에 적는다. 자신이 아끼고 사랑하는 사람을 위해 어떤 일을 하고 있다면, 자기 자신을 위해서 할 때보다 훨씬 강력한 동기가 된다. 자신을 위해서 하는 것이 나쁘다는 것이 아니다. 단, 자신이 정말로 간절히 원하는 일이어야 한다.

4. 간절히 원하는 일. 사실 3번과 크게 다를 것 없는 이야기인데 그래도 다시 한 번 강조하고 싶다. 그냥 하면 좋겠다 싶어서 하는 정도로는 부족하다. 자신이 정말로 열정을 느끼는 일, 피가 뜨거워질 정도로 좋아하는 일, 가슴 깊이 진정으로 원하는 일이라야 한다. 자신이 세운 목표가 이 조건에 부합하는지 다시 한 번 생각해보라. 부합하지 않으면 그 목표는 오래 못 갈 것이다.

5. 공개적으로 약속한다. 남들에게 무책임하고 게으른 사람으로 보이고 싶은 사람은 아무도 없다. 주변 사람들에게 공개적으로 어떻게 하겠다고 장담을 해두면 이를 악물고 노력하게 될 것이다.

6. 일부러 흥미를 자극한다. 처음에는 남들의 격려로 힘을 얻지만(5번 참고) 그 다음엔 자신이 알아서 그 힘을 키워 나가야 한다. 내 경우 아내나 주변 사람들에게 그 일에 대해 이야기하거나 관련된 글을 읽을수록 열정이 점점 커진다는 것을 깨달았다. 그 일을 성공적으로 해냈을 때의 모습을 그려보는 것(목표를 달성했을 때의 기쁨을 상상해보는 것)도 큰 자극제가 된다. 그렇게만 하면 나머지는 그 에너지를 실행으로 옮기고 동력을 계속 유지하는 것에 달렸다.

7. 기대감을 키운다. 이 방법은 다소 어렵게 느껴질 수 있고, 그래서 그냥 건너뛰는 사람들도 많다. 그러나 효과가 확실한 방법이다. 나도 이 방법을 써서 몇 번을 시도해도 안 되던 담배 끊기에 성공했다. 갑자기 의욕이 솟아 어떤 목표를 성취하고 싶어졌을 때 당장 시작하지 말고 기다려라. 대부분의 사람들은 들떠서 오늘 당장 시작하려고 한다. 그것은 큰 실수다. 날짜를 정해놓고(1, 2주 뒤도 괜찮고 한 달 뒤도 좋다) 그날을 '시작일'로 정하라. 달력에 표시도 해두라. 그리고 그날을 기다리면서 기대를 쌓기 시작한다. 그날을 인생에서 가장 중대한 날로 삼는다. 한 마디로 시작을 지연시킴으로

써 기대감을 키워 그 힘을 목표에 최대한 집중시키는 방법이다.

8. **프린트해 붙여 놓는다.** 목표를 볼드체로 크게 프린트한다. 이때 목표를 짧은 문구로 압축하는 것이 좋다(예를 들면 "매일 15분 운동"). 그것을 출력하여 벽이나 냉장고 문에 붙여 놓는다. 집에도 붙여놓고 직장 사무실에도 붙여 놓는다. 데스크탑 컴퓨터에도 붙인다. 목표에 집중하고 열정을 유지할 수 있을 만큼 강력한 상기 장치여야 한다. 목표로 하는 이미지(단단한 복근을 자랑하는 모델 사진 같은)를 붙여놓는 것도 큰 자극이 된다.

포기하고 싶을 때 동기를 되찾는 20가지 방법

이번 장의 후반부는 처음에 느낀 열정이 식어버렸을 때 의욕을 되살리는 법에 관한 내용이다. 때로 새로운 일이 생겨서 전에 세운 목표가 더 이상 중요하지 않게 되는 수가 있다. 하루 이틀 쉬어서 다시 시작하기 힘들어지는 수도 있다. 혹은 실패해서 완전히 용기를 잃게 되는 경우도 있다.

그러나 처음의 흥분과 열정만 되찾으면 어떻게든 목표를 이룰 수 있다. 여기서 주저앉으면 목표는 무산되는 것이다. 여러분의 선택에 달렸다. 목표를 이루느냐, 포기하느냐. 포기하고 싶을 때 다시 일어나는 데 도움이 될 방법들을 소개한다.

1. 자제한다. 보통 우리는 새로운 것을 시작할 때 빨리 시작하고 싶어서 들썩거린다. 들떠서 어쩔 줄 모르고 흥분을 주체 못해 방방 뛴다. 자제력은 연기처럼 사라져버린다. 뭐든 할 수 있을 것 같은 착각도 든다. 그러나 얼마 지나지 않아서 우리는 인간에게 한계가 있음을 깨닫는다. 열의는 사그라지기 시작한다. 사실 처음에 목표를 세우고 의욕이 넘쳐날 시기에 가장 좋은 동기부여는 바로 자제하는 것이다! 마구 덤벼들어서 하고 싶은 대로 다 하지 말고, 하고 싶은 것의 50퍼센트 내지 75퍼센트 정도만 하라. 그리고 차차 강도를 높여가도록 계획을 세운다. 예를 들어, 달리기 운동을 시작한다고 했을때 처음에는 당장 5킬로미터도 달릴 수 있을 것 같다. 그러나 자제하고 우선 1.5킬로미터만 달린다. 달리는 동안에도 '더 달릴 수 있는데!' 하는 생각이 들 것이다. 그래도 참는다. 그 날 운동이 끝나면 2킬로미터를 달릴 날을 잔뜩 고대하게 될 것이다. 그 의욕과 열정을 잘 다스려 오랫동안 나를 지탱하는 동력으로 이용하라는 것이다.

2. 무조건 시작한다. 이유도 없이 '오늘은 정말 운동하기 싫다.', '예산안 짜야 하는데 정말 하기 싫다.' 이런 생각이 드는 날이 있다. 목표를 달성하기 위해 해야 하는 일이 갑자기 너무나 하기 싫어지는 것이다. 그럴 때는 그 일이 얼마나 힘들고 얼마나 오래 걸리는지 상상하는 대신 아무 생각도 하지 말고 그냥 시작하라. 나는

규칙을 하나 만들었는데, 매일 무조건 운동화를 신고 문 밖으로 나가는 것이다. 일단 그렇게만 하면 나머지는 저절로 해결된다. 집구석에 앉아서 조깅이 얼마나 힘든지, 뛰고 나면 얼마나 지칠지 상상하고 있으니 엉덩이가 무거워지는 것이다. 일단 시작하면 생각했던 것보다 쉽다는 걸 깨달을 것이다. 나는 이 방법을 써서 실패한 적이 한 번도 없다.

3. **자기 말에 책임을 진다.** 온라인 포럼이나 블로그에 목표를 공개하거나 이메일을 통해 또는 직접 만나서 주위 사람들에게 약속을 한다. 그리고 자기 말에 책임을 진다. 매일 그 사람들에게 보고하고, 하루라도 보고를 게을리 하지 말라. 약속에 대한 책임감 때문에 이를 악물고 하게 될 것이다. 못 했다고 보고하고 싶은 사람은 아무도 없기 때문이다.

4. **부정적인 생각을 짓누르고 긍정적인 생각으로 대체한다.** 가장 효과적인 동기부여 방법 중 하나다. 이 방법을 매일 실행할 것을 권한다. 자신이 주로 어떤 생각을 하는지 살피고 부정적인 생각이 떠오를 때 그것을 얼른 알아채는 것은 매우 중요한 일이다. 며칠 동안 부정적인 생각이 떠오를 때마다 그것을 의식하는 연습을 해보자. 그런 다음 이번에는 부정적 생각이 떠오를 때 마치 벌레 죽이듯 그 생각을 짓누르는 연습을 하자. 그리고 그 생각을 긍정적

인 생각으로 대체한다. '이건 너무 어렵잖아!'를 짓누르고 '충분히 할 수 있어! OOO가 했으면 나도 할 수 있다고!'로 대체해보라. 유치하게 들리지만 효과는 좋다. 정말이다.

5. 해서 좋은 점을 떠올린다. 그 일이 얼마나 어려운지에 집착하는 것이 문제다. 일찍 일어나다니, 너무 어려운 일이다! 새벽에 일어날 생각만 해도 피곤해지는 것 같다. 그러나 이제부터는 얼마나 힘들지를 상상하는 대신 그렇게 해서 어떤 점이 좋은지를 생각하자. 예를 들어 일찍 일어나면 얼마나 피곤할지 생각하는 대신 일찍 일어났을 때 얼마나 기분이 좋을지, 그리고 하루가 얼마나 보람찰지 생각해보는 것이다. 이렇게 좋은 점에만 집중하면 훨씬 힘이 난다.

6. 흥미를 되살린다. 왜 흥미를 잃었는지 생각해본다. 그런 다음 처음에는 왜 흥분했었는지 떠올린다. 그 흥분을 되찾을 수 있는가? 처음에 그 일을 원하게 된 계기가 무엇인가? 무엇 때문에 그렇게 열정을 느꼈나? 그 열정과 의욕을 다시 불러일으키고, 목표에 새로이 집중하고, 다시 힘을 내라.

7. 관련된 글을 읽는다. 나는 의욕을 잃으면 내 목표와 관련된 책이나 블로그 포스팅을 읽는다. 그러면서 동기를 되찾고 힘을 얻는

다. 신기하게도 어떤 대상에 대한 책이나 글을 읽으면 그것에 대한 흥미와 의욕이 솟는다. 그러니 가능하면 매일, 특히 의욕이 저하됐을 때 자신이 목표로 한 것에 대한 글을 읽어 스스로 동기를 부여하라.

8. 마음이 맞는 친구들을 사귄다. 혼자서 의욕을 유지하는 것은 너무 어려운 일이다. 그러니 비슷한 목표(운동하기, 다이어트, 돈 모으기 등)를 가진 사람을 만나면 혹시 파트너를 만들고 싶지 않느냐고 물어보라. 아니면 배우자나 형제자매, 친구들과 파트너를 맺으라. 꼭 같은 목표를 추구할 필요는 없다. 서로 채찍질하고 용기를 북돋워주기만 하면 된다. 또 다른 방법으로 자신이 사는 지역에서 모임을 만드는 방법도 있고(나는 우리 동네 조깅 클럽 회원이다) 온라인 포럼에서 사람들을 만나 목표를 공유하는 것도 있다.

9. 감동적인 이야기를 읽는다. 나는 내가 세운 목표를 이미 성취한 사람들이나 현재 같은 목표를 향해 달리는 사람들을 보면서 영감을 얻는다. 그래서 나는 블로그나 책, 잡지를 많이 읽고 일부러 구글에서 내 목표를 검색해 성공담을 찾아 읽는다. 젠 해비츠도 나를 포함하여 다른 많은 독자들이 올린 성공담을 읽으면서 여러분이 영감을 얻을 수 있는 사이트 중 하나다. 하여튼 나는 성공담을 읽는 것을 아주 좋아한다.

10. 성공을 차곡차곡 쌓는다. 목표를 성취하는 과정에서 이루는 작은 성공들도 빼놓지 않고 축하한다. 아니, 아예 시작했다는 사실 자체를 자축하자! 둘째 날까지 버틴 것도 축하하자! 아무리 사소한 것이라도 눈에 띌만한 성공이라면 다 축하하라. 그 상승기류에 힘입어 또 한 걸음 내딛으라. 예를 들면, 운동 계획에 2~3분을 추가하는 식이다. 한 걸음 더 나아갈 때마다(그 한 걸음은 최소한 일주일은 지속되어야 한다) 승리감은 점점 더 강해질 것이다. 아주 작은 걸음을 내딛으면 실패할 일도 없다. 한 달쯤 지나면 그렇게 작은 걸음이 모여 큰 성공과 발전이 되어있을 것이다.

11. 바닥을 쳤을 때는 그냥 버티라. 동기는 필요할 때마다 항상 찾을 수 있는 것이 아니다. 파도처럼 왔다가 사라지고, 없다가도 다시 생기는 것이 동기다. 하지만 기억해둬야 할 것이 있다. 어느 순간 동기를 잃었다 해도 영원히 그 상태로 머무는 것은 아니라는 점이다. 언젠가 다시 의욕을 되찾게 될 것이다. 바닥을 쳤을 때는 그냥 버티면서 기다리면 된다. 의욕을 되찾을 때까지 용기를 주는 글을 많이 읽고, 주위에 도움을 청하고, 여기에 열거된 다른 것들을 실천하라.

12. 도움을 청한다. 무엇이든 혼자서 이루기란 참 어렵다. 나는 처음에 마라톤에 나가기로 결심했을 때 친구들과 가족들에게서 많은

도움을 받았다. 괌의 달리기 동호회 사람들은 내가 5킬로미터 경주에 나가도록 용기를 심어주었고, 장거리 훈련에 함께 참여하기도 했다. 담배를 끊기로 결심했을 때는 온라인 포럼에 가입해 기대 이상의 큰 도움을 받았다. 물론 나의 아내 이바도 처음부터 끝까지 나를 격려해주었다. 이바의 격려가 없었다면, 그리고 나를 지지해준 그 모든 사람들이 없었더라면, 나는 그 목표들을 달성하지 못했을 것이다. 여러분도 온라인에서든 오프라인에서든 (둘 다면 더 좋다) 지원 그룹을 만들어보라.

13. 진전 사항을 기록한다. 달력에 X표시를 하는 정도로 단순하게 기록해도 되고, 스프레드시트를 만들어도 좋고, 아니면 온라인 소프트웨어 프로그램을 이용해 기록해도 좋다. 기록이 아무리 단순해도 나중에 들춰봤을 때 자신이 얼마나 많이 발전했는지 새삼 깨닫고 큰 용기를 얻을 것이다. 그러니 달력에 X표시가 많을수록 좋다는 것을 잊지 말자! 부정적인 기록도 간간이 남기게 될 것이다. 그래도 괜찮다. 몇 번 제대로 못 했다고 용기를 잃을 필요는 없다. 노력해서 다음에 잘 하면 된다.

14. 자신에게 자주 상을 준다. 한 단계 성공할 때마다 자축하고 자신에게 작은 상을 주라. 각 단계마다 적절한 상을 정해놓는 것이 좋다. 기대에 부풀어 더 열심히 하게 되기 때문이다. 여기서 적절한

상이라는 것은 1)목표의 크기와 부합하는 상(예를 들어 1킬로미터 달리기를 완주했는데 바하마로 유람선 여행을 떠나는 것은 부적절하다), 2)목표를 망치지 않는 상을 뜻한다. 살을 빼는 것이 목표인데 하루 건강식 했다고 달콤한 디저트를 잔뜩 먹으면 안 된다는 얘기다. 그것은 자멸하는 지름길이다.

15. 작은 목표를 노린다. 너무 크거나 너무 오래 걸리는 목표는 때로 사람을 너무 질리게 한다. 두어 주 지났는데 앞으로 목표 달성까지 몇 달, 몇 년이 남아있다면 열정을 지속하기가 힘들 것이다. 한 가지 목표를 위해 몇 달, 몇 년 동안 동기를 잃지 않는다는 것은 정말 어려운 일이다. 그럴 때는 더 작은 목표들을 정해 달리는 것이 해결책이다.

16. 코치를 두거나 강습을 받는다. 그러면 최소한 수업에 참석해 시키는 대로 할 동기는 생긴다. 이는 어떤 목표건 적용 가능하다. 동기부여치고는 돈이 좀 많이 드는 방법이지만, 그만큼 효과는 있다. 게다가 자료조사만 잘 하면 동네에 저렴한 강습 프로그램을 찾을 수도 있다. 아니면 대가를 안 받고 코치나 상담자 노릇을 해줄 친구를 구해보는 수도 있다.

17. 절대로 이틀 연속으로 빼먹지 말라. 이 규칙은 때때로 하는 일을 빼

먹고 싶어 하는 인간의 습성을 염두에 둔 조항이다. 우리는 완벽한 존재가 아니다. 따라서 하루쯤은 건너뛸 수 있다. 그런데 그 다음날에도 하기 귀찮을 수가 있다. 그럴 때 자신에게 엄격하게 말하라. "안 돼! 이틀 연속 빠지는 것만은 절대 안 돼!"

18. 시각화를 이용한다. 자신이 바라는 성공적인 결과를 아주 세세한 부분까지 시각화하여 마음속에 그려본다. 눈을 감고 성공했을 때의 모습을 자세히 그려보라. 어떤 느낌이 들지, 어떤 냄새가 나고 어떤 맛이 나고 어떤 소리가 날지, 아주 자세히 떠올려야 한다. 마침내 목표를 이룬 그 순간, 여러분은 어디에 있는가? 어떤 모습을 하고 있는가? 어떤 옷을 입고 있는가? 최대한 선명하게 그려라. 다음 단계는 이것을 매일 반복하는 것이다. 하루에 적어도 몇 분은 할애해야 한다. 이것은 오랜 기간 동안 동기를 잃지 않는 유일한 방법이다.

19. 그만두고 싶은 충동을 자각하고, 그것을 극복한다. 우리는 모두 그만두고 싶은 충동을 때때로 느낀다. 그러나 대개는 무의식적으로 느끼고 흘려보낸다. 이에 대한 가장 강력한 대비책은 그러한 충동을 좀 더 의식적으로 자각하는 것이다. 좋은 연습법이 있는데, 하루 종일 메모지를 가지고 다니면서 충동이 들 때마다 그 횟수를 표시하는 것이다. 그런 다음 충동이 들 때 어떻게 대처할지 계

획을 세운다. 다음 충동을 느끼기 전에 미리 계획을 세워놓는 것이 중요하다. 그리고 계획을 자세히 적어둔다. 포기하고 싶은 충동을 느꼈을 때는 이미 계획을 세울 의지 따위는 바닥났기 십상이다.

20. 다시 즐거움을 찾는다. 어떤 일이 전혀 즐겁지가 않거나 몇 달간 억지로 참아야 겨우 보상이 주어진다면 누구도 오랫동안 그 일을 계속할 수 없다. 매일 즐거움과 기쁨을 느낄 수 있는 일이라야 한다. 그렇지 않으면 그 일을 하고 싶은 마음이 영 들지 않는다. 그 즐거움을 찾는 것이 핵심이다. 예를 들어 아침에 조깅할 때 마주치는 아름다운 풍경이라든지, 작은 목표를 달성했다고 주변 사람들에게 보고할 때 느끼는 뿌듯함이라든지, 몸에 좋은 음식을 먹을 때 느끼는 향과 맛 같은 것이 여기 해당한다.